十力
文化

十力文化

十力文化

十力
文化

《圖解失敗學 好好用》修訂版

圖解 失敗的科學

敗部復活生存手冊

An Illustrated Guide to Study of Failure

Yotaro Hatamura

雜學16

東京大學名譽教授
畑村洋太郎——著
傅莞云——譯

序言

本書是「圖解失敗學 好好用」的修正版，是作者從失敗學相關的研究成果中，將可以套用在個人經驗上的部分重整出來。

失敗學起源於機械工程相關研究。在研究過程累積的經驗裡，發現**失敗是有規則性的**，並在各行各業中皆有不停重複出現的失敗案例。

而在我擔任「東京電力福島核能發電所事故調查檢證委員會委員長」、「消費者安全調查委員會委員長」等職務後，更加確信這個結論。那些**與人命相關的大事件，幾乎都是只要活用失敗學中的理論就可以徹底避免的**。

其次，有關失敗是有規則性的，不止可以套用在業界或企業中，也可以套用在個人狀況上。對各行各業的經營者而言，失敗是日常生活必定會發生的事情。沒有人在工作上能夠零失誤。

然而，在這個競爭激烈的社會中，一旦犯下大錯，很有可能會阻礙將來晉升的機會。更嚴重地，可能會遭解僱。

成功者們面對失敗的處理方式有一定的法則。他們皆確實地防止重大失敗，活用小的失敗法則，可進而獲得成功。

至於那些無法成功的人們，則是和成功者們完全相反。

那麼，對這些成功者來說，具體而言，要思考什麼？又該如何行動呢？

本書，將這些秘訣統整後分成四個章節。從失敗學的基礎知識開始，透過各個章節從零開始瞭解並運用失敗學。當您讀完本書時，將能夠自由自在地運用失敗學的知識。

請一定要將本書內的技巧活用在生活上，一起度過這個嚴苛的現代社會帶給我們的難關！

二〇一四年七月吉日　畑村洋太郎

目次

Step

2

成為可以分析失敗的人【失敗科學的基礎】

Step 3
成為轉變失敗為創造的人【從失敗到創造】

Step 4 成為可以活用失敗的領導者【失敗科學應用篇】

Step 1

成為一個
不被失敗打敗的人

【從失敗中振作】

從失敗中振作

沒有失敗，就沒有發展

人在成長的過程中，失敗的體驗是必要且不可欠缺的。這是因為，當人類成為母親肚子裡的胎兒前，是經過「魚類、兩生類、其他哺乳類」的生物演化過程後才誕生。

失敗無時無刻伴隨著人類，這同時也是成功的開始。**當人們初次挑戰時，大部分的情況都會失敗**。但是，**從中瞭解自己失敗的原因，學習失敗的法則，迴避致命性的狀況發生，並向下一個階段前進**。這也就是重複「挑戰→失敗→發展」，進而向上層前進的過程（圖1）。

失敗與發展的關係，「與生物學中個體發展和系統確立的形成有些相似（圖2）」。人類在母親的胎內重複著細胞分裂，經過和魚類、兩生類、其他哺乳類等等一樣的變態，好不容易成為人類。花了10億年遂成的系統產生過程，以個體演化的方式只花了未滿一年的時間實行。將「魚類、兩生類、其他哺乳類」用「從失敗中學習」換位思考，一個人要成長為能獨當一面的人時，重複失敗有其必要。

人類的領導資質及其他相似的能力等，並非與生俱來。就像是從公司新人開始，到主任、課長、部長，以至於到具備社長的能力並盡應盡的職責，這樣的轉變是需要歷經如同「魚類、兩生類、其他哺乳類」這樣的過程，突破幾個「失敗體驗」才達成的。

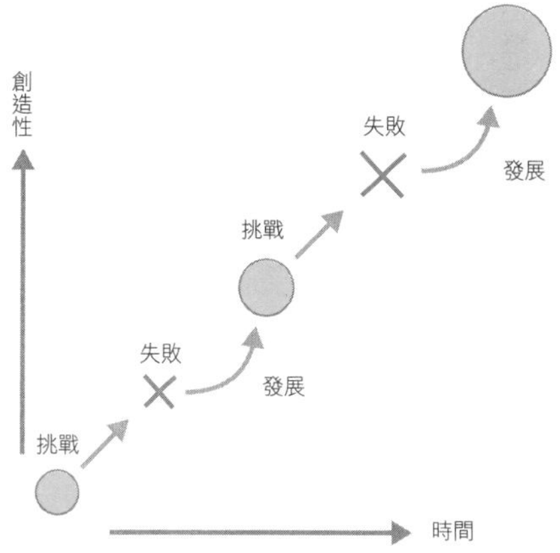

圖 1　沒有失敗，就沒有發展

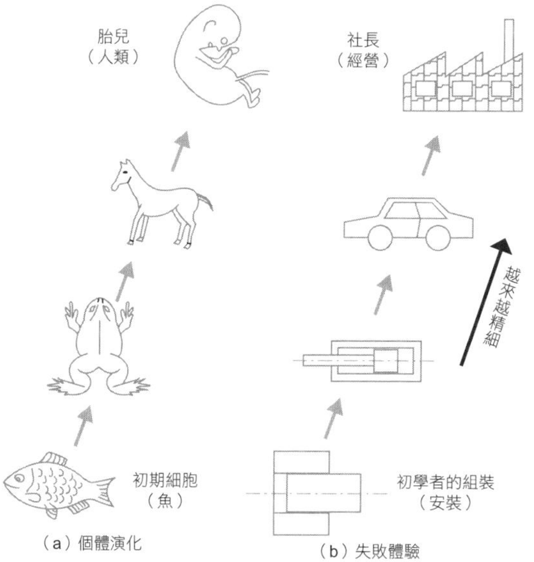

圖 2　個體演化和失敗體驗的相似性

從失敗中振作

有效率地學習失敗的方法是什麼？

若能在自身較少的失敗經歷中獲得知識的同時，也從他人的失敗例子中學習，就是學習失敗最有效的方法。

雖然說失敗是難免的，但對於有可能會致命的失敗，是必須要避免的。因為，也許會失去向下一個階段發展的機會。其次，故意累積重複失敗也會導致評價下滑，且沒有效率。

於是，**為了避免失敗而實行的知識教育，通常**，就像是圖3（a）所示，**只教導我們一條「只要這麼做即可成功」的路，而實際上走在這條路上，幾乎是必定會在岔路時失敗**。

雖然如此，如圖3（b）中所示，單單只利用經歷中累積的失敗來獲得成功，幾乎也是希望渺茫。又像圖3（c）中所示的一樣，單單只有關於失敗的知識也不是百分之百可以走向成功。

那麼，應該要怎麼做呢？

答案就在：「若能在自身較少的失敗經歷中得到知識的同時，也從他人的失敗例子中學習。」也就是，學習關於失敗知識的重要性（圖3（d））。習得了失敗知識的人，假設犯了失誤，也可以像圖4所顯示的，能夠馬上修正自己的軌道，知道要變通採取對策，讓失誤在成為致命的失敗之前就停止在中失敗或小失敗，結果可能會比他人還要更快達到成功的階段。相較於前者，不學習失敗知識的人，則是不斷地重複著大失敗，不停地輪迴，最後筋疲力竭。

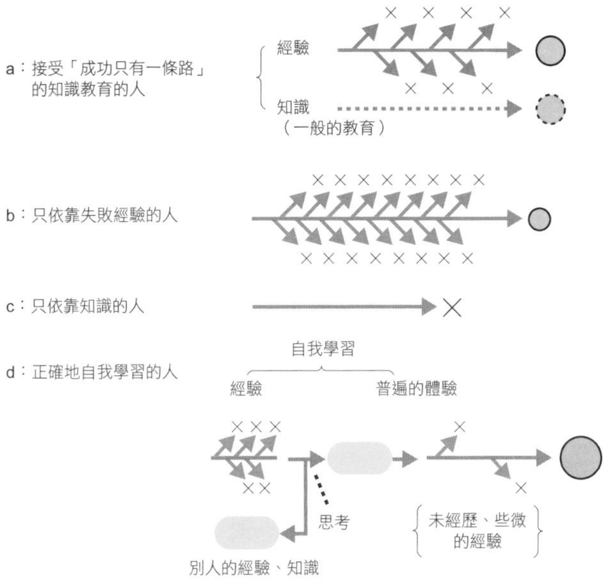

圖 3　一個人面對失敗的學習方法和效果

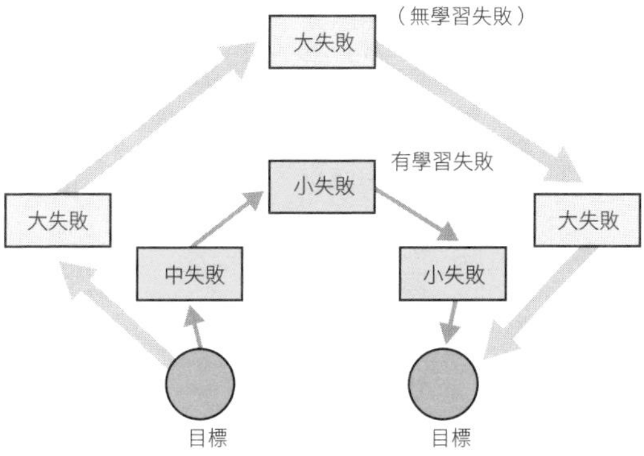

圖 4　依據失敗情報而產生的效果

利用感觀學習及假想失敗體驗進而防範致命性的失敗

藉由反覆深入瞭解自己的體驗，並建立基底，創造容易接受新知識的根基，產生確實避免失敗的力量。

想要防範失敗，知識是非常重要的；而那樣的知識，並非如同填充式教育下的那種表面知識。大部分，在這個複雜的現實社會中，幾乎沒有「這就是正解」這種只有唯一的答案就能通用的狀況；可以用的是，藉由自己親身體驗下習得的知識。而且不要忘記，若是想要經由實際親身體驗而習得知識，「感觀學習」是必要的。

假設，特別企劃出的活動卻門可羅雀，又或是非常有自信地推出了新產品卻滯銷等等，在這樣的情況下，會產生「難過」、「難堪」、或「不甘心」等心情。那一瞬間，失敗體驗將在心中扎根，而是否擁有容易接受新知識的素質，對於一個人能否迴避失敗有很大的影響。

然而，想對所有事物都實行實際體驗的話，失敗幾次都無法取得成功。這時，**就需要活用自他人身上習得的失敗知識，並利用自己本身習得的失敗知識，模擬他人的失敗事件，也就是「假想失敗體驗」**。那時，將能夠像是自己親身經歷一樣，能融會貫通後將之變成自己的東西才是最重要的。

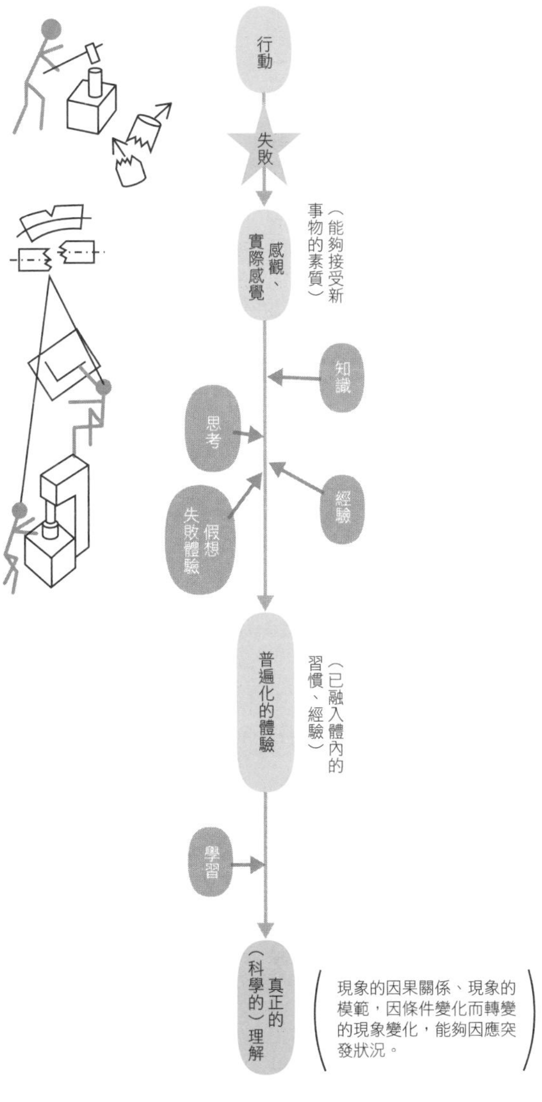

圖 5　失敗體驗產生真正的理解

累積失敗訓練的經驗，準備應對方針

透過那些可能會失去冷靜和判斷能力的事件經歷，做好隨時可以採取正確應對的準備。

人在做錯事時，當下的直覺反應是會想隱瞞它，又或是因罪惡感驅使，過度自責；更甚者，陷入恐慌狀態，變得無法思考反而導致再次失敗的連鎖效應。**為了防範那樣的狀況出現，「失敗訓練」是必要的**，它是種藉由實際感覺——感觀學習的訓練。舉例來說，消防演練、地震或海嘯等避難訓練就是屬於上述所說的失敗訓練。事先體驗重大且可能會讓自己失去冷靜及判斷力的狀況，將自己處於隨時可以採取正確對策的狀態。

其次，近年來人們漸漸認知到「危機管理」的重要性，這是訓練人們在緊急事態發生時，能採取將損害降到最低的行動推廣活動。當企業不清楚事態發生的原因時，往往會採取不公開、不發表的手段，但其實公開說明「原因不明」，才是比較恰當的做法。迅速制定應對方針，並公開「對方想知道的事情」和「我方想傳達的訊息」等內容，大眾的反應將會依據內容而有很大的差異。當然，應對方針並不是那麼簡單製作的，不管是對個人又或是對組織來說，必須每天針對危機管理思考處理方式進行訓練。

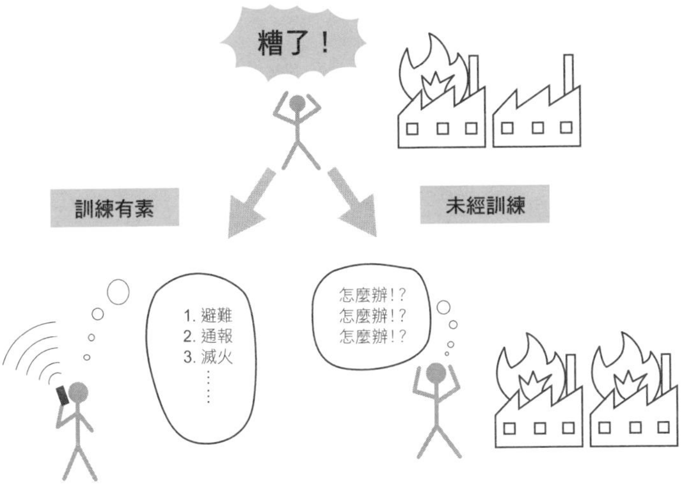

圖 6　無法思考導致失敗的連鎖效應

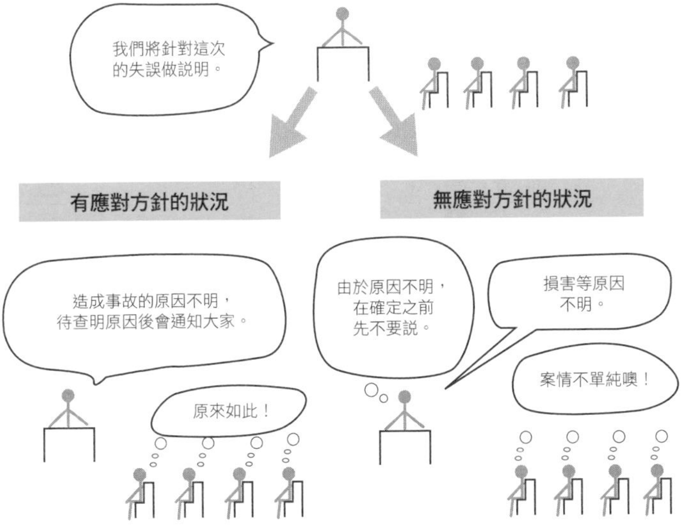

圖 7　應對方針的重要性

失敗時，腦海中浮現的第一個念頭是什麼？

不小心犯錯的時候，除了會想要「隱瞞」、「遺忘」它，同時也會思考是否要將失敗情報傳遞出去。

人在失敗犯錯的當下，是會想立即逃離現場的。那時刻，腦海中將會浮現很多不同的念頭。

首先，回想造成失敗的經過、推測原因，再做緊急處置、事後處置，進而訂定長久的對策等。或是，思考要如何公開失誤，並面對外在的批判和攻擊又該如何應對才比較恰當。

其次，承認這是自己的責任，或選擇推給其他人等等。結果，在懊惱著或許自己這個過失，埋下了會被斥責、懲戒、或被解僱等種子的同時，也會考慮著應該如何解決對周遭或所隸屬組織造成的麻煩及困擾。

然後，隨著時間經過，反省、後悔、藉口、正當化自己的行為、自虐傾向等情感將會漸上心頭，我們會開始思考要如何排解吸收，又或是面對。想著「還是藏起來得好」、「視而不見」、「忘掉吧！」等念頭時，也會開始考慮傳達這個失誤情報的必要與否。**吸收失敗將其知識化並學習，漸漸地發現將其傳承，或記錄下來是很重要的**。

在大多數的狀況下，人們就算是失敗了也不會呆呆停在原地不知所措，反而可以採取正確的對策並負起責任。

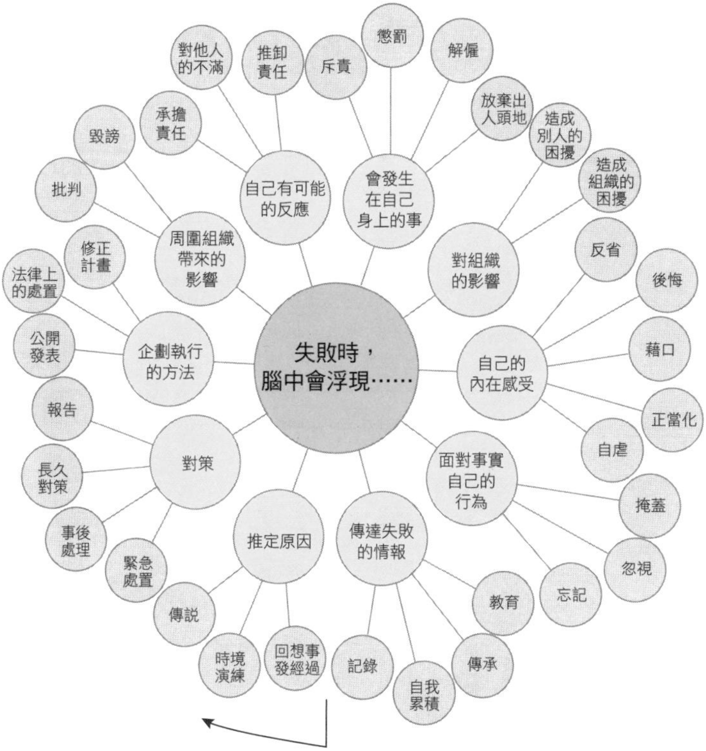

圖 8　失敗時，當事人腦海中浮現的念頭

導致鬱悶的三種狀況

能否跨越障礙，如：「喪失目標」、「無法跨越的高牆」、「看不到前方的路」，和發揮自己的回復力，找尋新的目標有很大的關係。

會讓人陷入鬱悶的三種狀況是：①「喪失目標」、②「無法跨越的高牆」、③「看不到前方的路」這三種。

①通常發生在達成重大的目標之後。例如，順利地進入理想大學就讀，因找不到下一個可以努力的目標而失去活力，也就是所謂的五月病。

②屬於類似畢業論文這個類型，如同高牆般豎立眼前，因其擋住去路而焦急，白忙一場導致頹廢狀態。而③，則是完全沒有找到工作機會的人，漸漸地失去了耐心、信心；或是快要退休時，人會陷入鬱悶的這類狀況。對於未來感到強烈的不安，越來越不清楚應該如何是好。

事實上，我本身也曾經陷入①和③的狀況過，但在跟周遭的人諮詢請教後，體內的力量有漸漸回復的趨勢。為了適應和目前為止不同的環境而採取行動後，找到了新的目標，並成功脫離憂鬱的狀態。

其實，因失敗而導致憂鬱狀況的人絕不在少數。特別是處於越有責任立場的人，越是會感到極大的壓力。是否能從那股壓力中走出來，關鍵就在於自己內心的復原力，以及找到新的目標。

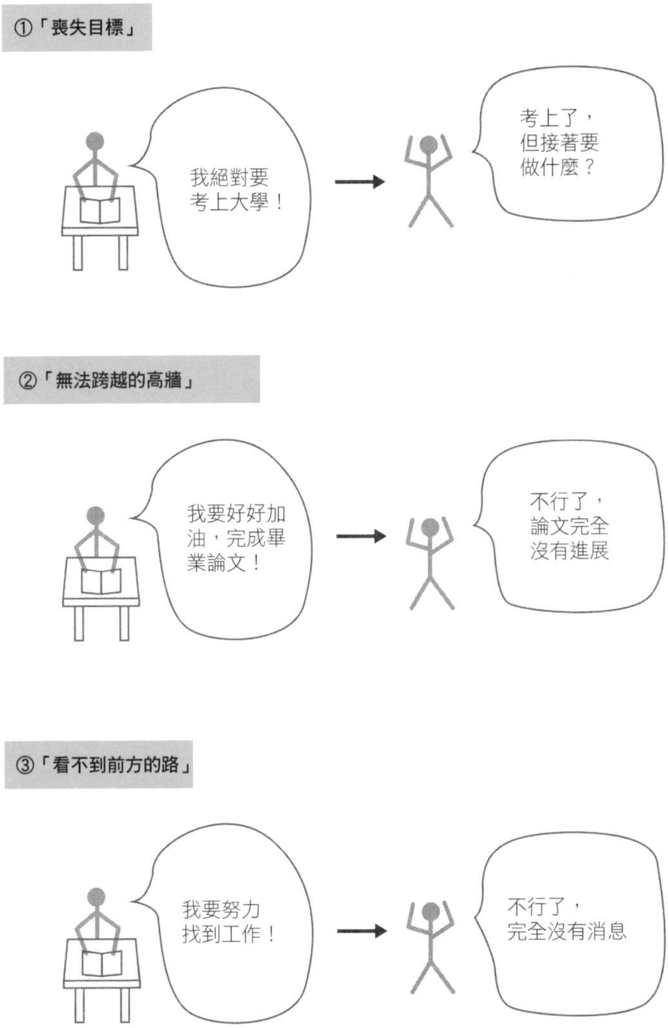

圖 9　人們為何會陷入鬱悶憂鬱的情況

從失敗中振作

犯了錯，在承認失敗的前提下變得無所謂吧！

不在乎的人，不會在失敗犯錯時過度逼迫自己，所以即使失敗了也會很快地恢復精神，能夠順利地處理並收拾殘局。

失敗後每個人的反應都不同，情感細膩的人對於小小的錯誤就很敏感；也有覺得無所謂的人就算是犯下了大錯，也還是很悠哉。

那麼，面對失敗哪種態度才是最恰當的呢？答案是：覺得無所謂的人。

不管發生怎麼樣的錯誤，都一定會有一個揮舞著正義，主張應該「正確的」行動的人出現，責備並譴責犯錯的人。而那樣的主張，也不過是種狡辯，即使按照其所主張的方式行動，也不能保證絕對不會失誤，反而有可能產生負面的影響。而情感細膩的人會過度在意那樣的狀況，對於一點點小失敗就感到挫折，會突然地精神上無法承受而變得自暴自棄。

相較於上述情況，不在乎的人在失敗犯錯時不會過度地責備自己。因此，失敗犯錯了也會很快地恢復精神，能夠順利地處理並收拾殘局。

當然，**為了不要漏掉任何一個可能成為致命性失敗的原因，「敏銳度」和「敏感度」是必要的**。但那畢竟還在探尋失敗的原因，和預防失敗發生的階段。**對於已發生的失敗或失誤而言，應該要讓自己「不要在乎」，平靜地向前進**。

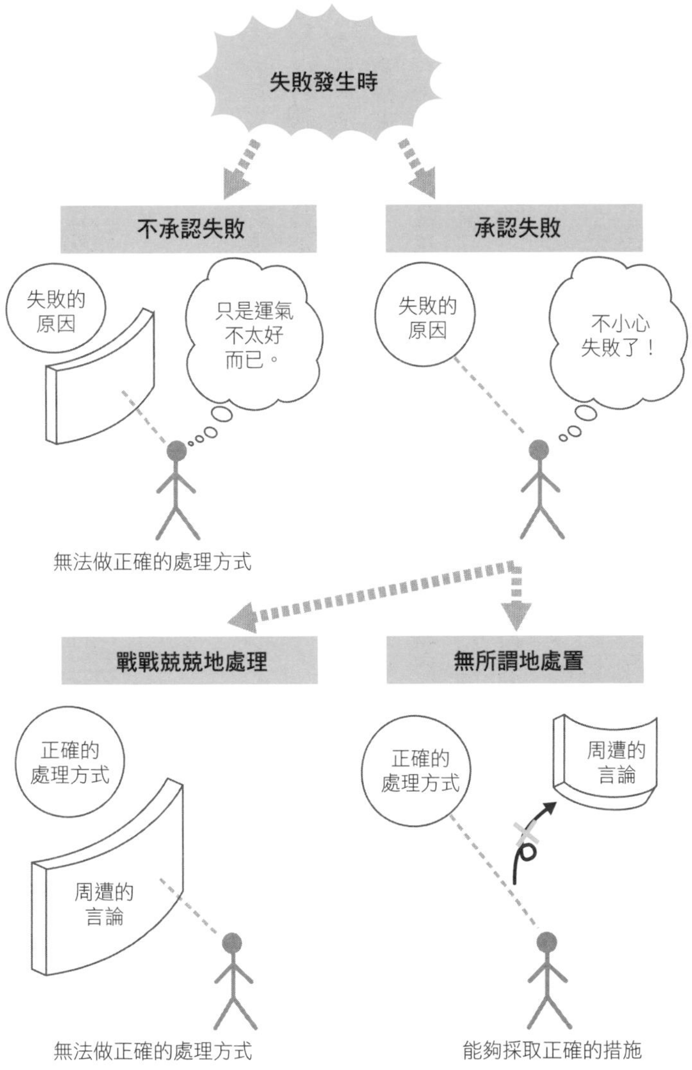

圖 10　承認失敗，「不在乎」的重要性

失敗時，更應該要承認「人是脆弱的」

承認「人（自己）是脆弱的」是很重要的一步。坦然地接受這個事實，等待精力自然恢復。

人因為失敗而受驚嚇或傷害時，就像是破洞的氣球，身體力量會瞬間抽乾。在那樣的狀態下，大多數的人是無法做出正確的判斷或採取正確的行動，會漸漸地陷入低潮，然後再次失敗，因而不斷地惡性循環直到最後導致自我滅亡。

會陷入上述狀況的人都有個通病，那就是未體認「人的脆弱」。

人是種軟弱的生物，因為軟弱，所以從旁人來看明明是很明顯的失誤，自己卻無法馬上承認失敗了。一旦失敗、失誤了，不論程度如何，大家都會感到沮喪，就像漏風的氣球一般，體內的精力漸漸流失。在那樣的狀況下，即使試圖面對失敗、試圖採取正確的對策，也無法得到好的結果。

重要的是，**先承認「人（自己）是脆弱的」。坦然地接受自己無法馬上面對失敗這件事，並等待體內元氣自然恢復。**

幸運的是，人類都備有「復原力」。所需要的時間和失敗的種類、大小有關，又或是因個人不同，但早晚都會恢復自己所流失的活力及精力，自發性地採取行動。看似繞了一圈，但有時候只等待著時間經過，補給自己流失的元氣，是失敗後最好的復原方式。

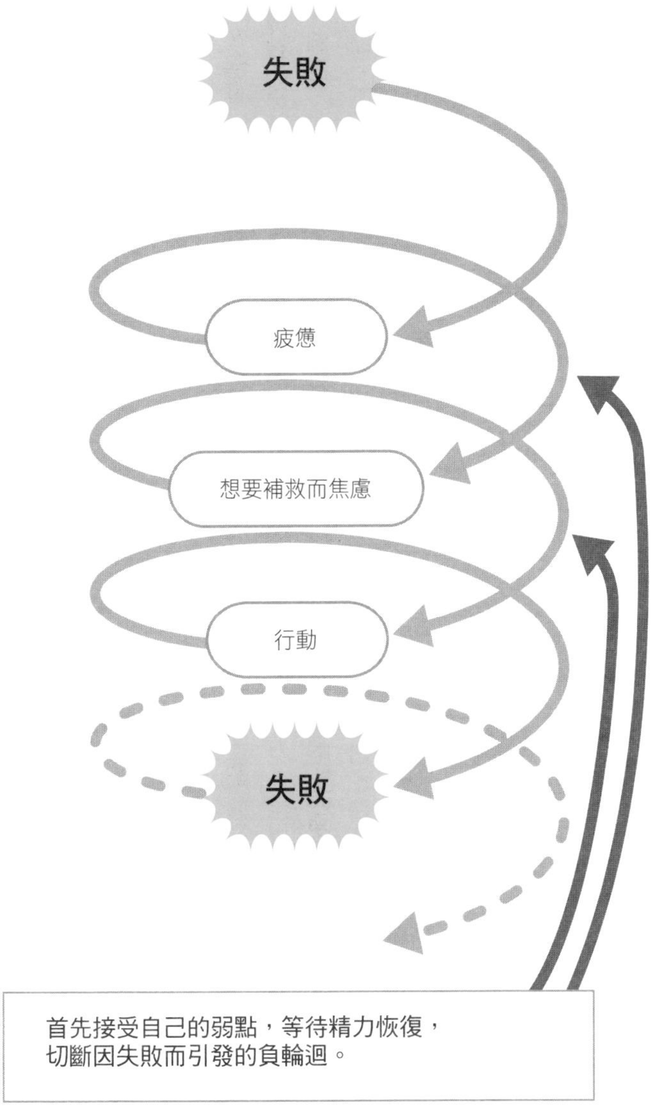

圖 11　承認脆弱的重要性

處理失敗，要以將傷害降到最小的原則為基礎

不是正確理論就可以完全通用。選擇能夠將傷害降到最小，留下可以再次挑戰的機會，這就是「損害最小作用原理」。

在現實社會中，對於那些不完全是因為自己而導致的失敗，往往主張錯不在己也是沒有用的。例如，在公司企業裡，甚至會有「他只是在找藉口」的評價，反而落得負評。

那麼，又應該要怎麼做呢？我會秉持著「損害最小作用原理」來處理。

物理的法則中，有著「最小作用量原理（least action principle）」（參照圖12）。「損害最小作用原則」就是我從上述概念中引申出來創造的詞。人在採取面對錯誤或失敗的對策時會「衡量得失」，常常會選擇用最少的力氣就可以解決的方式。

受到無理的對待時，會想要主張自己沒有錯，但即使再努力，也可能無法得到回報，反而輸給奇怪的組織倫理而受到挫折，然後感到強烈的疲憊感。

因此，要預想自己打算貫徹到什麼樣的程度，事先找到那個可以妥協的點。簡單來說，也就是**選擇能夠將傷害減到最小，留下可以再次挑戰的機會。**

這世界上有很多事，是自己一個人無法改變的，莽莽撞撞地與之抗衡也只是落得被宰殺的命運而已。有時，應該要選擇能夠將傷害降到最低的選項，暫時妥協。

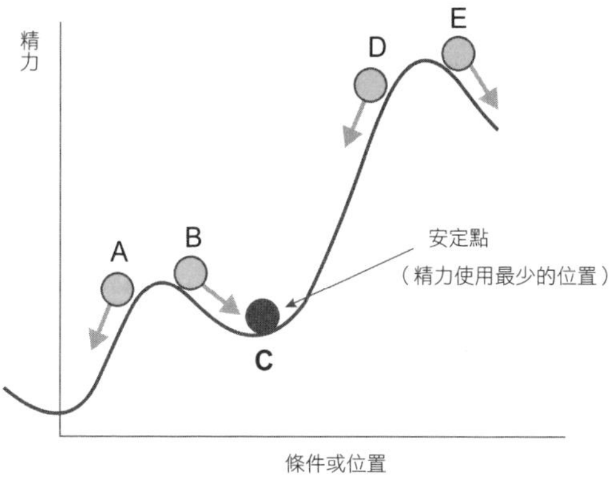

圖 12　最小作用量原理

在曲線的 ABCDE 點各放置一顆球並放手，則球將會各自滾向不需要滾動即可的地方並停下，即是最小作用量的地點（安定點）。總之，給予某個物體自由移動的「地方」，那個物體會向消耗力量最小的地點去，也就是「最小作用量原理」。根據這個原理，ABDE 會向箭頭的方向滾動，C 則是一開始就在安定點不需要滾動。

失敗了，就向別人借點力量恢復精神

「只有自己一個人也毫無辦法，所以，向身邊的人借點力恢復精神」，接受現狀並改變自己的態度。

越是有責任感的人失敗或犯錯時，越是會想著要做些什麼來挽回局面。

然後，即使對那些責任感強的人建議「放寬心比較好喔」或是「承認我們都很脆弱吧！」他也聽不進去，反而更加陷入苦境。

對於那樣的人，首先要丟掉「自己只有一個人」的想法。也就是說，「自己一個人也成不了什麼事，所以，向周圍的人借點力恢復精神吧」，像這樣接受現狀並改變自己的想法。

但是，這是需要平時就擁有共通話題的朋友們，積極地給予幫助。

然而，說到「有付出才有收穫」，一旦發生問題時卻常常會感到失望。**這個世界並不是你付出了多少，對方就會回饋給你多少這樣簡單。**

付出和收穫的比例，了不起就是三比一的關係。想要有「一」的收穫，就得在對方困難時給予「三」的付出。比如說，給予一個人「三」的付出，又或是向三個人給予幫助。這樣做，在自己困難時就會回收「一」的收穫。

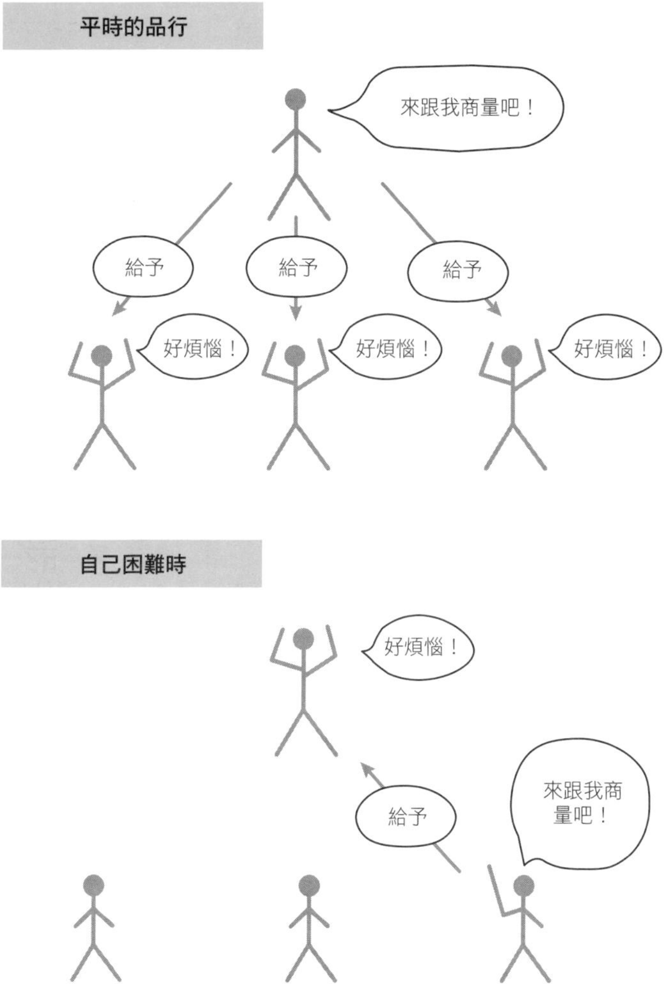

圖 13　平時的三個付出，會有一個收穫

無法面對失敗時，該做的七種方法

逃避吧！責怪別人吧！吃點美食吧！喝點酒吧！睡覺吧！散心吧！抱怨吧！這就是最快復原的方法。

想要從失敗的沮喪中快速復原，如何重新儲存流失的精力就很重要。

方法有七種：

①**逃避**：明明找不到好的處理方法，留在現場也沒有意義。**在還未陷入自我否定的思考迴路前，暫時逃避吧！**

②**責怪別人**：注意，要想著「失敗不是自己的錯，是別人的錯」，為了截斷負面思考枷鎖，故意這樣想絕對不是錯的。

③**吃點美食**：不能空腹上戰場，吃點東西給身心補充活力。

④**喝酒**：酒可以說是療癒心靈的良藥，但是為了逃避現實而喝得爛醉則是題外話。

⑤**睡眠**：好好地睡一覺並重新振作，讓頭腦可以靈活思考。暫時吃點安眠藥也是一種辦法。

⑥**散心**：不要一味地想著難過的事，做點運動、逛街、小賭一下等，藉由這些活動重新振作。

⑦**抱怨**：找個人抱怨一下，吐苦水吧！不可思議地，腦袋就會冷靜下來。「這是別人的錯」，實際地說出這句話吧！

像這樣慢慢地儲存精力，漸漸就能自發性地向新的目標採取行動。

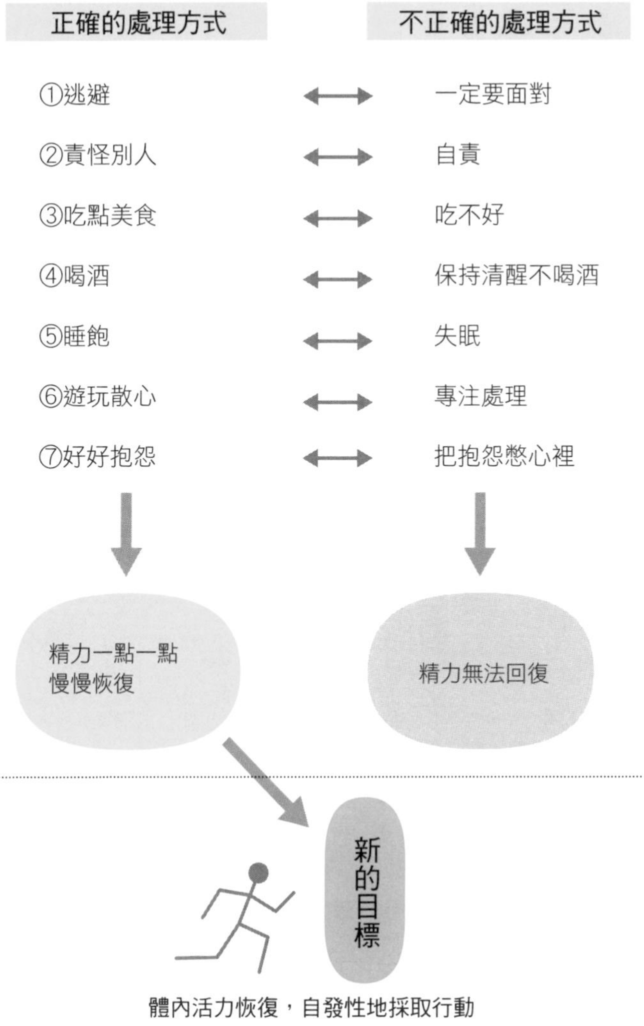
正確的處理方式
不正確的處理方式
①逃避
一定要面對
②責怪別人
自責
③吃點美食
吃不好
④喝酒
保持清醒不喝酒
⑤睡飽
失眠
⑥遊玩散心
專注處理
⑦好好抱怨
把抱怨憋心裡
精力一點一點慢慢恢復
精力無法回復
新的目標
體內活力恢復，自發性地採取行動

圖 14　七種處理方法

有人失敗時，你應該怎麼做才好？

最重要的是，絕對要避免「因犯了失誤苦不堪言而走向死亡」這樣的狀況發生。

要拯救失敗的人並不是一件簡單的事。再者，要如何解救對方，和自己與犯了錯的那個人之間的關係有關。依照雙方的交情，使用方法也會有所不同。

但其實最重要的是，絕對要避免「因犯了失誤苦不堪言而走向死亡」這樣的狀況發生。

如果關係是朋友（同事），那就一邊關心他，一邊學習在那個失敗中應該要注意的事；如果你是前輩，那麼避免說出那些建立在自己的失敗經驗上的訓誡，以幫助對方收拾殘局為優先；若立場是上司或主管，應以部屬的成長為優先考量，在不至於會造成重大事故的前提下給予指導。然而，站在教育者的立場而言，果然還是一邊避免致命性的失敗，一邊讓其實際失敗並學習預防失敗或事故的知識，目的在於促使當事人成長。

然後是身為經營決策人，處於一個不論如何都要防止致命性失敗發生的立場。**一個組織是否會重蹈同一個失敗的覆轍，取決於經營決策者的態度**。其次，勞動災害的發生率，即使是同一個組織、同一群人在活動，也會依據不同的經營者而導致兩倍或甚至五倍的差異。經營決策者，就是背負著這麼重的責任。

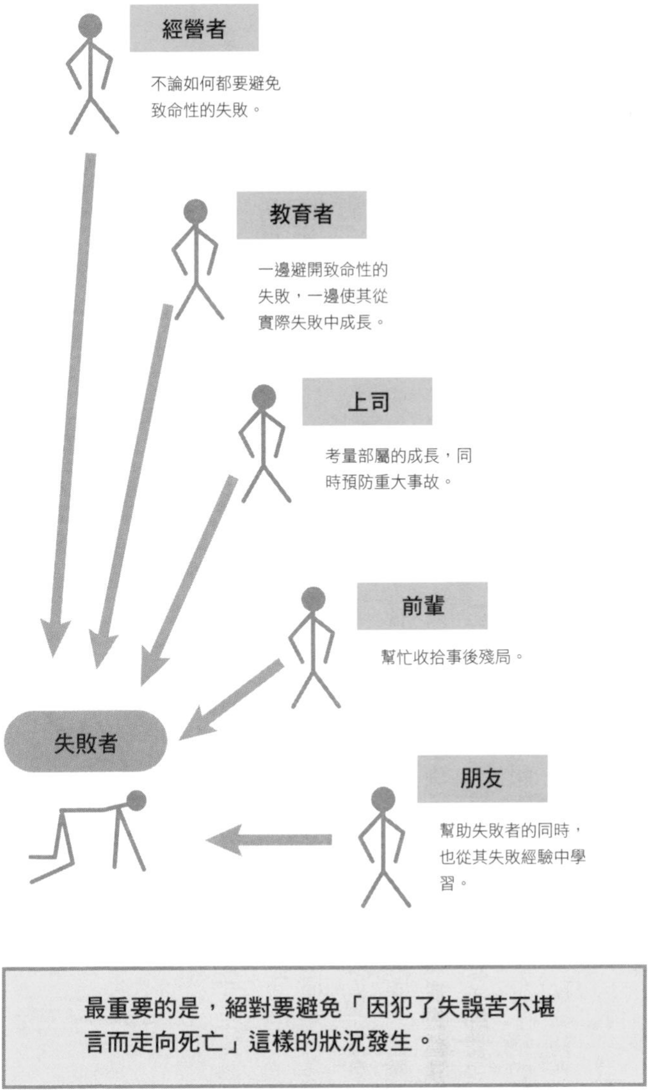
經營者
不論如何都要避免致命性的失敗。
教育者
一邊避開致命性的失敗，一邊使其從實際失敗中成長。
上司
考量部屬的成長，同時預防重大事故。
前輩
幫忙收拾事後殘局。
失敗者
朋友
幫助失敗者的同時，也從其失敗經驗中學習。
最重要的是，絕對要避免「因犯了失誤苦不堪言而走向死亡」這樣的狀況發生。

圖 15　失敗者身邊的人應該要採取的行動

為幫助失敗者，有時掩蓋事實是可寬恕的

是否要掩蓋所犯下的失誤，必須以當失敗公諸於世時，對社會及周遭的影響程度為基準來考量——一種衡量得失的概念。

某間工廠因為一位員工單純的小錯，導致一百根車子的轉軸品質不良。如果將此事原原本本地上報總公司，則這位員工以及其主管都將接受處分。但當時，某位同事說：「我們不要上報總公司，而用兩年的時間，把它變成每週都出現一個不良品不就好了？」於是拍板定案決定實行這同事所說計畫。兩年後，漂亮地掩蓋了這個錯誤。

當然，在這個故事中，對總公司有所隱藏絕不是什麼值得驕傲的事。雖然，從其他員工的立場來看，絕不允許任何一個失敗或錯誤發生的緊張感，被迫持續了兩年之久。但是在那兩年，組織內部也因此更顯團結，所有人都生氣勃勃地工作。

當我聽到這故事後，心想「掩蓋得多麼恰當啊！」並不是所有事情都一定要向上呈報，那是種愚忠。是否要掩蓋所犯下的失誤，必須考量當失敗公諸於世時，對社會以及周遭的影響程度為基準，應該以一種衡量得失的概念來思考。假設，當時向總公司報告了這個失誤，犯了錯的這位員工有可能就自殺了。如同上述，我認為應該要以關係到人命的事情為優先才是。因此，我認為這個掩蓋事實的事件，是一個有關於「真」的組織中非常好的例子。

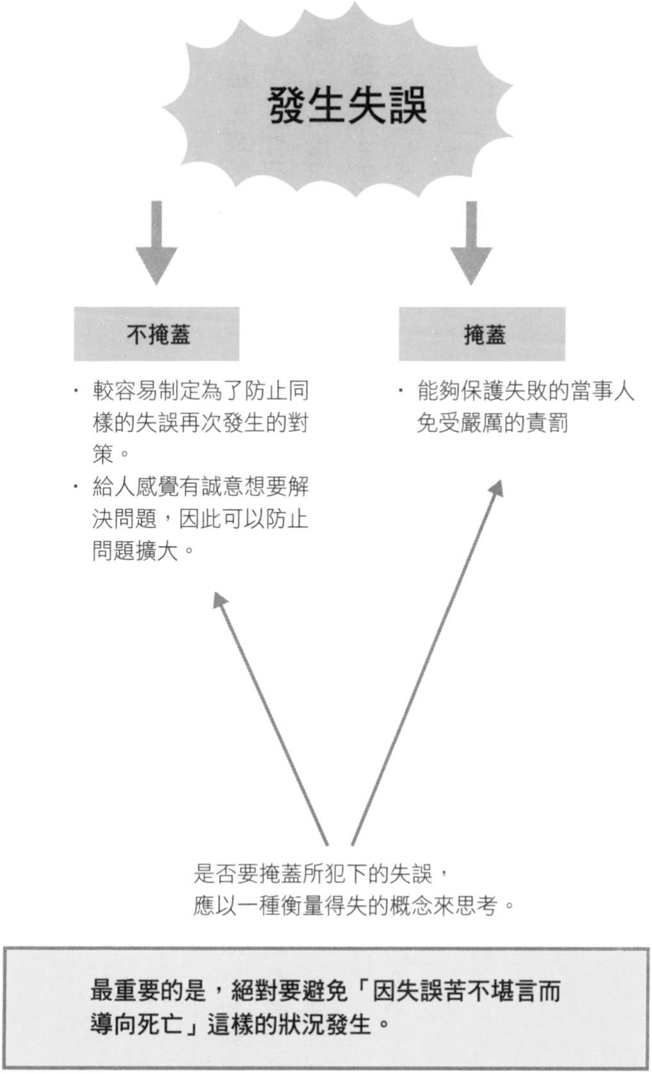
發生失誤
不掩蓋
掩蓋
・較容易制定為了防止同樣的失誤再次發生的對策。
・給人感覺有誠意想要解決問題，因此可以防止問題擴大。
・能夠保護失敗的當事人免受嚴厲的責罰
是否要掩蓋所犯下的失誤，
應以一種衡量得失的概念來思考。
最重要的是，絕對要避免「因失誤苦不堪言而導向死亡」這樣的狀況發生。

圖 16　掩蓋失敗與否的考量基準

評價失敗的絕對基準

「能否對得起上天，問心無愧」才是評價失敗最恰當也最適當的基準。

對於**失敗或失誤的評價，大體而言可分為**下列兩種：**「以自己的價值觀為基準，自己對自己的評價」和「以與他人之間建立的社會價值觀為基準，來自他人的評價」**。然而，不管哪一個都不一定是完全正確的，更別提在自己對自己的評價中，容易會有將失敗損失評價得較實際發生來得低，也就是「較低評價」的傾向。而相對於上述，他人的評價則容易將實際發生的損失過於誇大，也就是「過度評價」。結果，在多數的組織中，常有因做人處事風評不好，而被眾人過度追究責任的事件發生。

人們嘗試著除去那樣的弊病，於是執行了可以作為參考並和其他狀況比較的「相對評價」。但那也因失敗的發生狀況不同，結論也隨之有所改變，往往在事後才發現「啊！那時的判斷不是很恰當啊！」

那麼，能將失敗原原本本評價出來的「絕對基準」是指什麼呢？我認為，用一句比較傳統的說法「能否對得起上天，問心無愧」才是能夠評價失敗的核心指標。在上帝的面前坦白自己的言行舉止，能否完全問心無愧才是重點。

請務必，在心中保持這樣的評價基準。

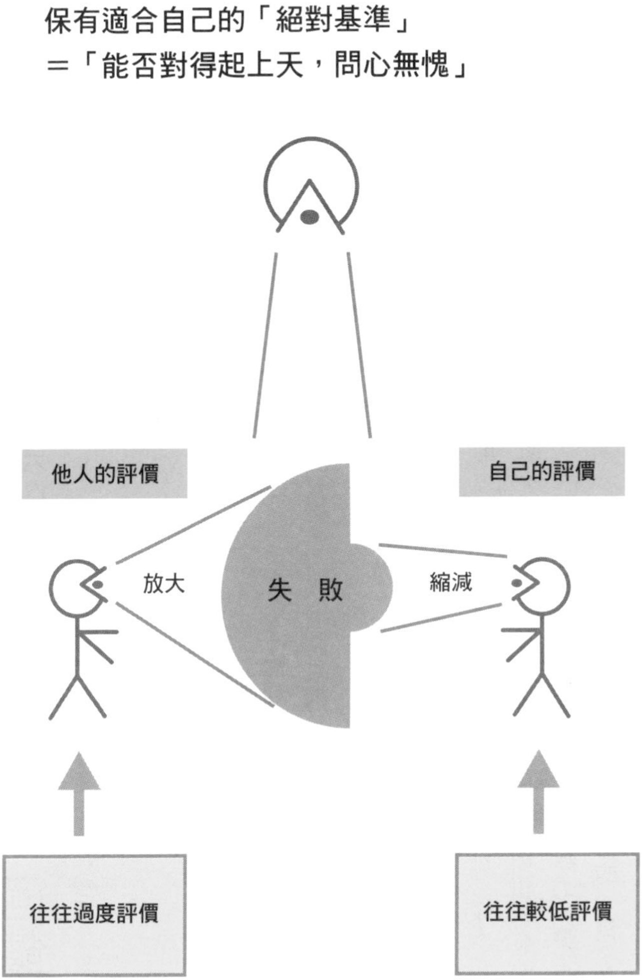

圖 17　評價失敗的「絕對基準」是什麼？

能確實評價失敗的「觀點」與「回饋」

持有物理、經濟、社會與倫理等觀點，並要求強化組織的回饋。

為了能夠正確地評估失敗，以下四個「觀點」是不可或缺的。

①**物理的觀點**：將所犯下的失誤視為物理現象。當事人本身的立場會左右看待事情的方法，必須排除主觀意見，看清事實的原貌，並正確地理解。

②**經濟的觀點**：以衡量得失來看待失敗。現在的社會，幾乎是由經濟組織推動的，因此有必要以經濟上的指標來評價失敗。

③**社會的觀點**：比經濟的觀點還要廣泛。評價的基準則是：「這樣的失誤在社會中會得到怎樣的評價？」、「這個社會將對這樣的失敗採取什麼樣的反應或行動？」等等。

④**倫理的觀點**：用身為有血有肉的人類立場來看待失敗。判斷作為一個人，是否有盡責做事之觀點，和絕對基準相近。

失敗是可以從「個人」、「組織」、「社會」等三方面得到回饋的，其中特別重要的是能夠使組織的檢驗機能更為充足。原本企業的目的就是追求利益，所以當安全性和利益衝突時，要如何取捨？令人困惑。而**實際上，讓第三方置身於險境的失敗也是常常發生的。為了防止這樣的情形，才導入「非執行董事」或「第三方委員會」等制度，有效地從組織外部觀看組織內部**。

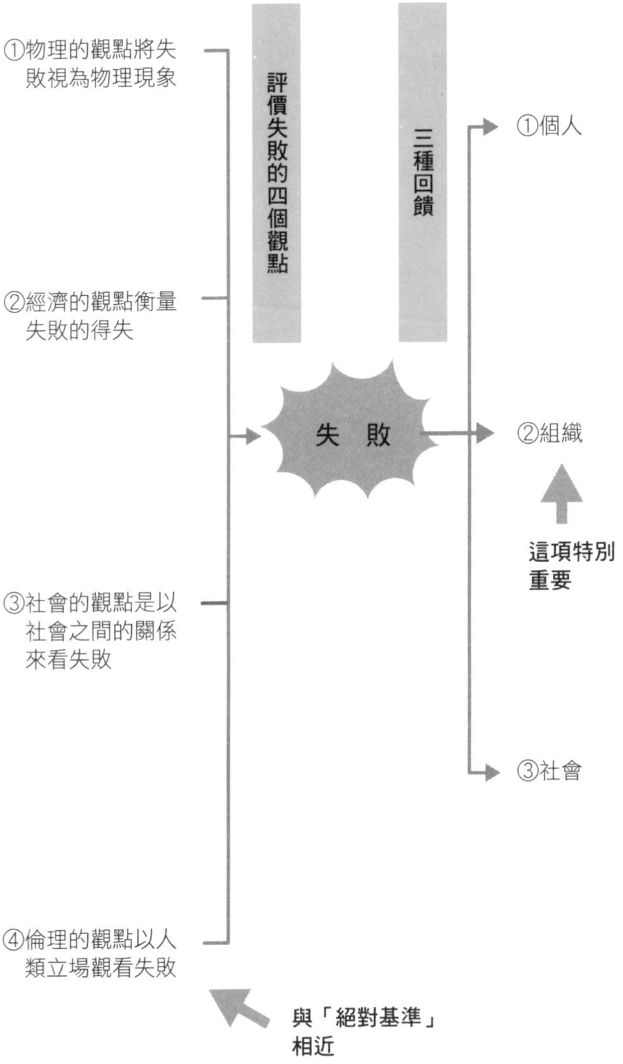

圖 18　評價失敗的「觀點」與「回饋」

在必要的失敗中，有時候會被迫承擔不合理的責任

你難以想像站在頂端，背負所有責任的人的壓力有多重。我強烈認為日本社會對於失敗的錯誤知識是需要修正的。

已故的山之內秀一郎先生（二〇〇八年八月亡），曾擔任JR東日本會長一職，二〇〇〇年七月時，受邀同時擔任「宇宙開發事業團」理事長。就任一個月後，發生了數十個火箭化為虛有的事件。另外，二〇〇三年十一月，在擔任JAXA理事長職時，遭遇了H－IIA火箭六號發射失敗的事件，再次面臨了困境。

然而，宇宙開發事業是屬於對未知的挑戰，某種程度上來說是無法完全避免失敗的。綜觀這個世界，火箭是發射二十次就有一次失敗的這樣一個機率。日本的宇宙開發事業又是只以美國的研發事業十分之一的預算達到了世界頂尖的程度，這樣的成果已經很了不起了。然而，世人仍只注意發射失敗這件事。火箭發射失敗事件的一年後，山之內先生因為身體狀況不好而辭任。某方面來說，上述這種失敗是必要的，然而卻仍然被迫承擔不合理的責任導致了這樣的結果。回頭看當時的事件，山之內先生說道：「要是在那樣的壓力下繼續擔任理事長一職，我可能早就已經死了。」你絕對難以想像，背負著所有責任的壓力有多重。

我強烈認為日本社會對於失敗的錯誤知識是需要修正的。

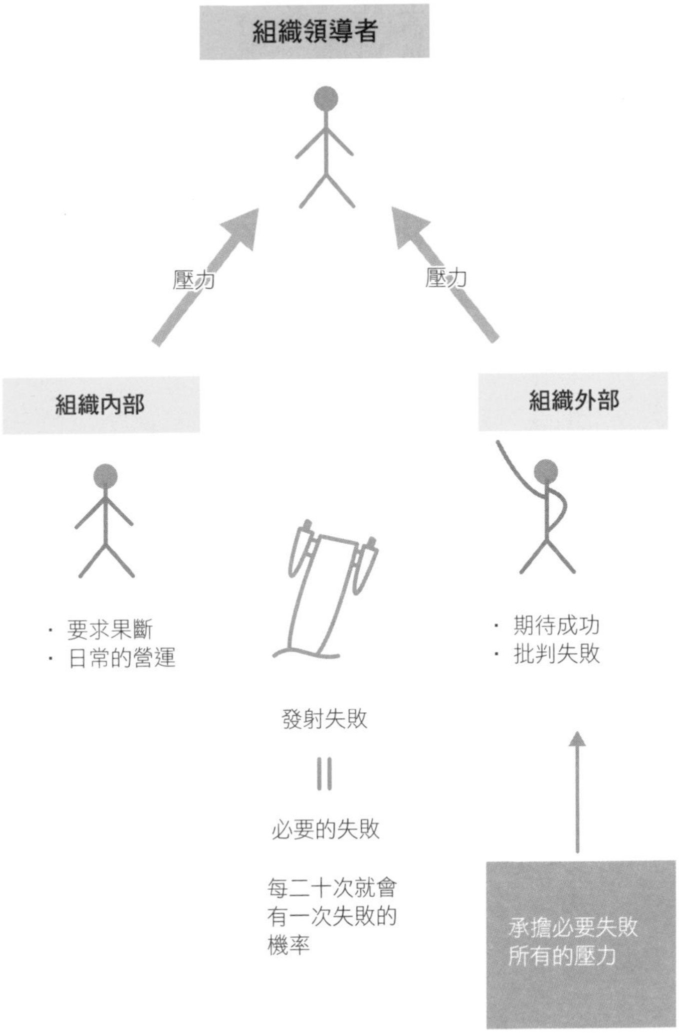

圖 19　必要的失敗，往往會形成壓力

懲罰性人事調動後，確實地做事後說明

失敗或失誤的真正原因隱藏在公司的文化中。若將責任強壓在一個人身上，是非常不合理的做法，會提高同樣失敗再次發生的可能性。

在日本，將失敗定義為「不好的事情」、「失敗影響到一個人出人頭地及晉升的機會」，大多數人都這樣理解。在判決上也是有相同傾向，比方說，**因重大失誤而發生死亡的事件，在刑事判決上會被追究嚴重的責任問題，最終就像左頁圖所示，關係人與其上司往往將以「個人」名義被控有罪**。

再者，即使判決沒有個人的責任問題，公司內部也是會為了避免世人對公司有「那間公司沒有在反省」的批判，而執行人事異動懲罰。

但**其實大部分的狀況下，失敗的真正原因在於公司內部的文化（做法或想法）。所以，將責任強壓在一個人身上，是非常不合理的做法**，反而會提高同樣失敗再次發生的可能性。而對員工來說，這種像是壁虎斷尾逃生的公司，不但不可信賴，且不值得為其努力。

如果，無論如何都必須要執行懲罰性人事調動的話，請向本人及其周圍的人正式告知並傳達「這只是對外形式上的緊急措施，公司絕對不認為這是你一個人的責任」，待時間到了會回復原本職位，確實地做事後說明。如此一來，公司員工才會安心，並以自己是公司的員工為榮。

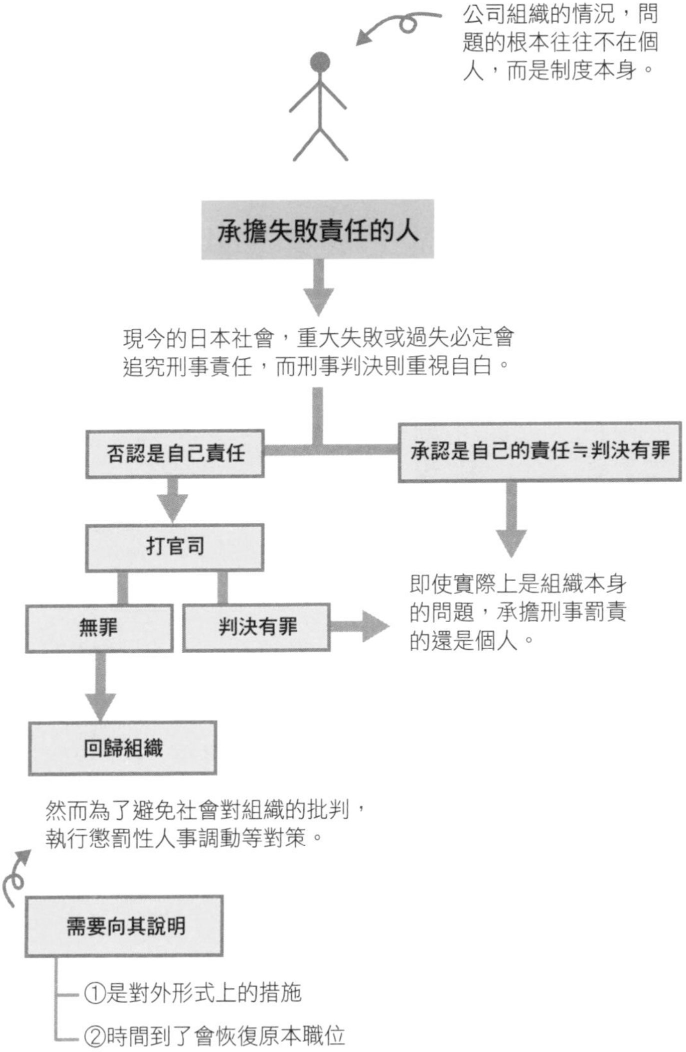
公司組織的情況，問題的根本往往不在個人，而是制度本身。
承擔失敗責任的人
現今的日本社會，重大失敗或過失必定會追究刑事責任，而刑事判決則重視自白。
否認是自己責任
承認是自己的責任≒判決有罪
打官司
無罪
判決有罪
即使實際上是組織本身的問題，承擔刑事罰責的還是個人。
回歸組織
然而為了避免社會對組織的批判，執行懲罰性人事調動等對策。
需要向其說明
①是對外形式上的措施
②時間到了會恢復原本職位

圖 20　為何解釋懲罰性人事調職是必要的呢？

即使當事人間爭執不休，也不要放棄「對策」的可能性

若當事人有複數以上時，讓沒有利害關係的第三方（仲裁者）採取行動較好，更能夠看清「對策」的頭緒。

由犯下失誤的當事人負責善後是理所當然的。讓別人替自己出頭、處理善後叫做「擦屁股」，會有不太好的印象，如果讓別人來幫自己善後，可能會被別人烙上「那個人太依賴了」或是「無能」等印象。但我認為，**為了找到最適當的「對策」，「讓其他人處理善後也沒什麼不好」**。

舉例來說，因為某件事故發生而產生賠償問題。假設是一對一，那麼善後處理則不限定為雙方當事人，當事人以外的人亦可，只要依照狀況應對處理即可。

然而，當事人為複數以上時，往往會無法順利進行收拾作業。在討論誰要來處理善後之前，互相都認為：「責任不在我」，彼此堅持己見，鮮明的對立立場下很難完善解決問題。或是，事故的原因漸漸明朗，再爭執下去也沒有任何益處，卻因為意氣用事反而陷入「很想要停止爭吵，但是卻停不下來」的狀態。

那時，應該讓沒有利害關係的第三方（仲裁者）介入談判。所謂旁觀者清，在冷靜地評估狀況後採取行動，更能夠看清「對策」的頭緒。

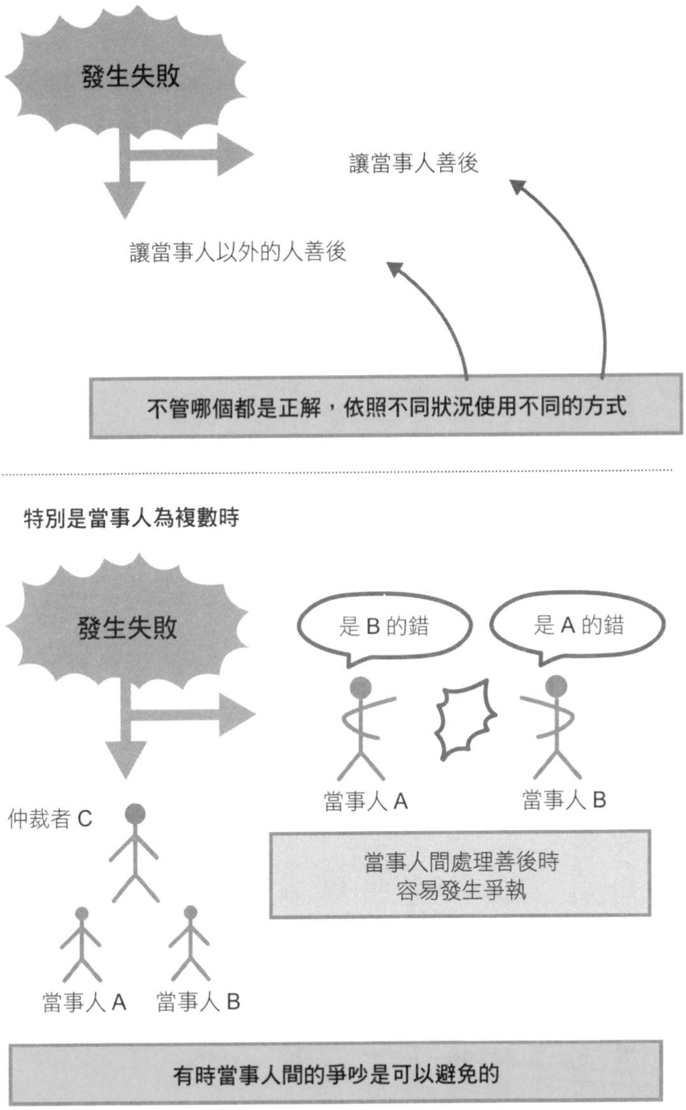

圖 21　失敗發生後，處理善後的方式

重大事故後，一定要將罹難者家屬的心願昇華

遇難者家屬的心情是不可能完全平復的。然而導致事故發生的人，不管遭遇什麼樣的困難，也只能一心一意好好地做著自己應該要做到的責任。

因遭遇事故而失去自己最愛的人，遇難者家屬那種悲傷是難以想像的。引起事故的肇事者不需解釋，只需持續地承受並瞭解家屬那樣沈重的情緒。

當我任職於日本航空的諮詢委員會「安全顧問組織」時，日航飛機墜落事故（一九八五年）的罹難者家屬對我說過一句話：「我覺得我家人白死了。」非常沈重的一句話。

事故肇事者必須做到的責任：①真摯地謝罪、②調查事發原因並說明、③金錢上的補償、④將在事故中得到的教訓活用在安全對策上。日航當時有做到①～③，但是在第④點上卻沒有做得很完整。

其後，日航接受諮詢委員會的提議，為了回應罹難者家屬們的心願，設置了「安全開發中心」。活用事故中的教訓防止事故再次發生，並用雙眼看得到的形式執行。這是為了將家屬們「不希望家人白白犧牲，即使是一個也好，希望可以有效地利用事故中得到的教訓」這樣的心願昇華的唯一方法。

當然，罹難者家屬的心情沒有就此而完全開朗。然而造成事故發生的人，不管遭遇什麼樣的困難，也只能一心一意好好地做著自己應該要做到的事並負起責任而已。

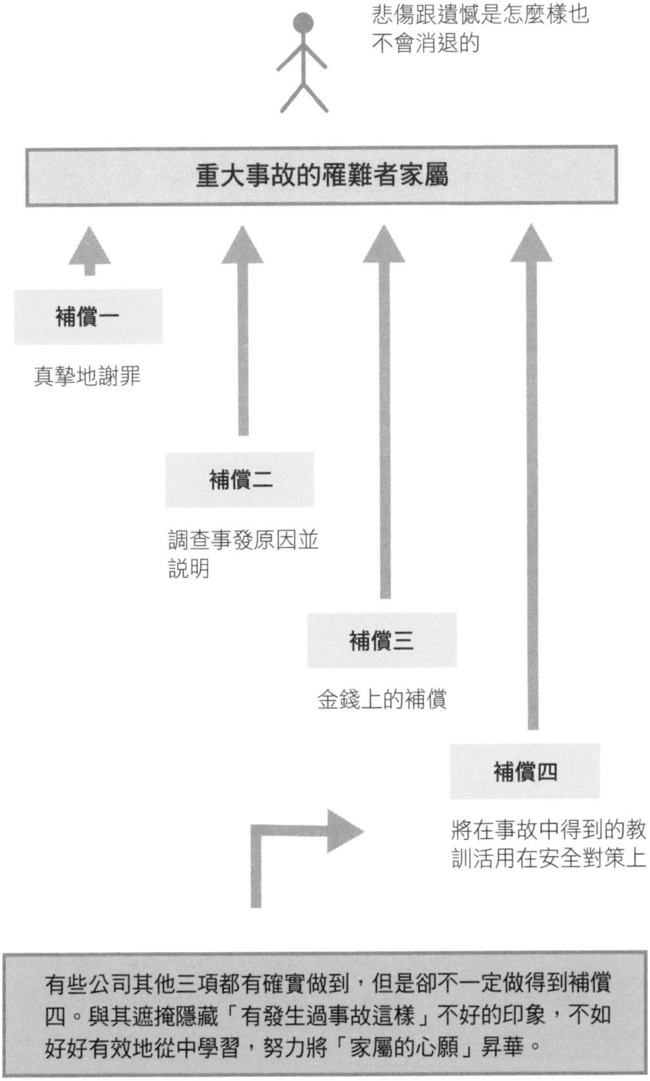

圖 22　重大事故發生後，應對罹難者家屬做的四項補償

Column 1　失敗科學實踐錄①

從破產中徹底復活，再度成功上市的吉野家

原本是個人經營的牛丼屋——吉野家，於一九七三年開始發展成連鎖事業。一九七八年同時進行市場壟斷，在全日本擴展 200 間店面，然而此光景僅持續了兩年的時間就破產了。因突然快速擴展增加店面，導致牛肉供應量不足，同時間牛肉價格高漲，吉野家試圖利用價格較低的冷凍乾燥牛肉替代以度過這個難關。但由於味道、品質下降，加上價格從 300 日圓漲到 350 日圓的影響，客人大量減少導致破產。然而，克服那樣的失敗，破產那年就將原本是赤字的財務反轉為正成長，一九八七年就完全還清債務，一九九〇年公司的股市再度上市。

主導逆境經營的，是從打工開始一直做到社長的安倍修仁。安倍在其所著作《吉野家的經濟學》（日經商業人文庫）這樣記載著：「（因破產）實際地學習到了重要的資訊。那些資訊，現在也很重視。我們將那些導致失敗的要素集結整合，決定當那些要素都出現時就不繼續進行正在進行的事。當然，不論如何小心謹慎，都無法保證絕對會成功。但是，我們將造成失敗的條件及原因，100% 好好地學習了。」

吉野家的復活傳奇，是個學習失敗進而成功的很好的例子，積極地研究失敗，避免下一個有可能的失敗，則可以重生成為「強者公司」的一員。

Step

2

成為可以
分析失敗的人

【失敗科學的基礎】

失敗的原因是有階層性的

造成事故或是問題的原因是有階層性的。如果不清楚這部分的話，將會看不清楚導致失敗的真正原因。

將事故、問題的原因分類，會發現失敗的原因和出現的方式是一種相似於金字塔的階層關係（圖23）。位於金字塔的底層是些日常生活中反覆發生的問題，而發生的原因往往是非常小的失誤造成的，例如：「無知」、「不小心」、「不遵守規則」、「判斷失誤」、「檢討不足」等與個人行為有關的因素。然後，比上述更高一層的，則為「組織營運不佳」、「企業經營不善」、「行政作業的怠慢」、「社會系統建設不適當」等等，社會性質較高（頂端的「未知的遭遇」是因無人能解的現象及原因所導致的事故、問題，屬於本書中之例外）。

當實際發生事故或是問題時，常常會錯看問題的層級，往往會將責任強加於某個試圖平息騷動的人身上。

二〇〇〇年六月，某牛乳品牌造成了大規模的集體食物中毒事件，該牌現場員工的衛生管理成為了問題。在這樣的狀況下，員工的家屬出面告發背後的事實：「事故發生的背景，是由於員工連續加班過度勞累，導致草率處理衛生管理工作。」像這樣，確實地檢查後發現多數原因為組織營運或經營不善的問題（社會性的原因）。**如果不瞭解「問題的原因是有階層性」的話，將會找不到真正的原因**。

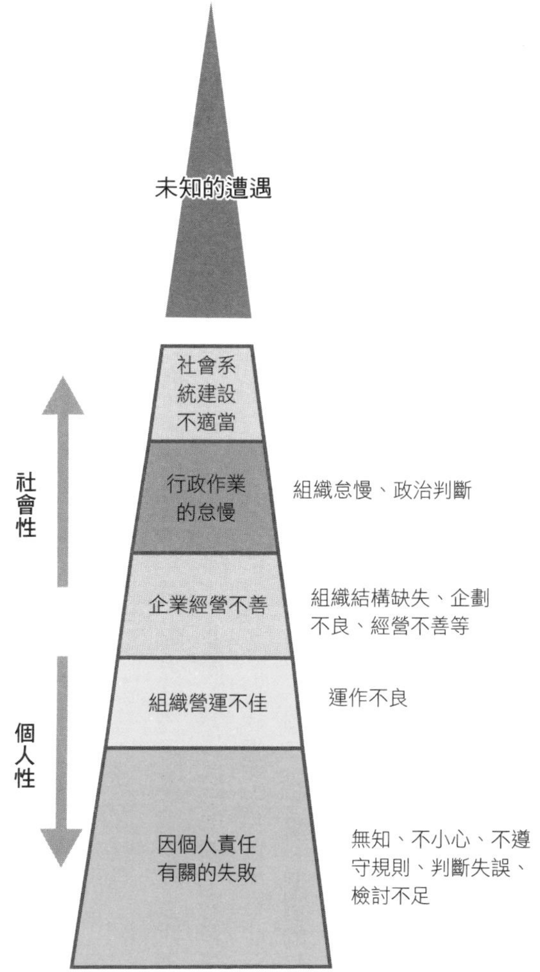

圖 23　失敗原因的階層性

失敗會成長擴散

失敗的培養場域有著無數個失敗的核心，當那核心萌芽成長至檯面化，最終會爆發。

有關於失敗的階層性，上一節已經敘述過了。然而，對於「失敗，如果置之不理的話，是會成長的」這點，我想特別提出說明。

失敗是需要培養的，假設有個造成失敗的「核心」。

當核心儲存夠多的能量後，會從地底下鑽出「發芽」。在這個階段發現了失敗的可能性，並採取必要的措施，可以防患未然。然而，大多數的狀況是沒有發現，失敗就這樣被忽略、然後萌芽、更進一步地成長了。如同水泡從水面浮出一樣，超越了「失敗的閾值（界限）」。也就是說，那時失敗將完全的檯面化，這時，就算想掩蓋隱藏也已經來不及，最終失敗爆發，等於將失敗的負面影響擴散至周圍（圖24）。

而且，產生失敗的核心並非只有一個而是無數個（圖25）。那一個個的核、一個個發芽，經過時間累積成長的「失敗」，會導致較大災害，同時影響層面也越廣。**假設失敗也有大小區別，那最下層的失敗則是小失敗。即使爆發了，影響可能少之又少**。但是，**讓它成長茁壯就麻煩了，可能就會引起無法挽回的重大事故**。

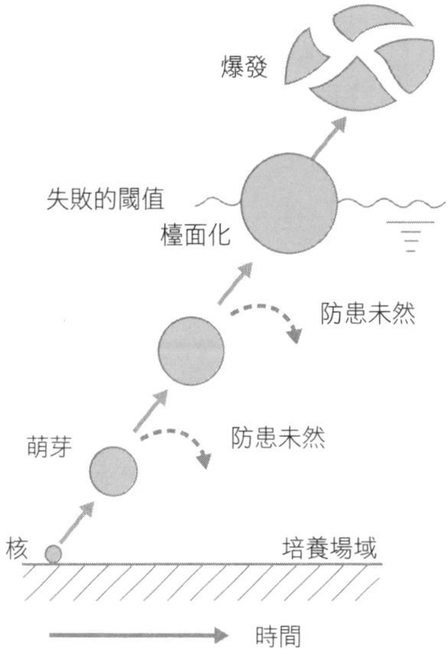

圖 24　失敗的成長

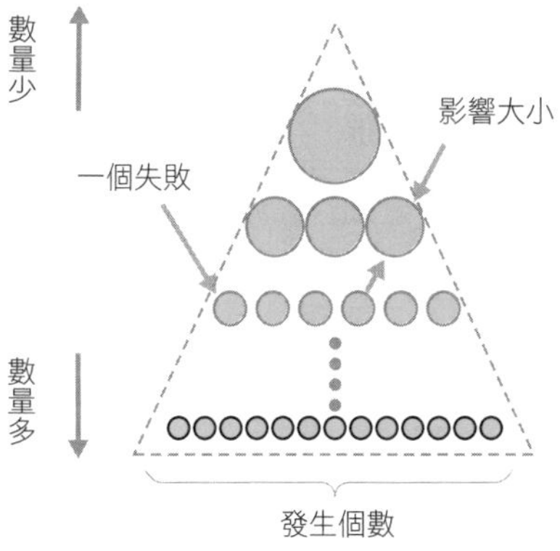

圖 25　失敗的階層性

失敗科學的基礎

一個大失敗是由三百個小失敗累積而成

「報紙上刊登的大失敗」背後，有著二十九件「輕度失敗」和三〇〇個覺得「糟糕了！」卻又一邊含糊過去的失誤體驗。

前一節說明了小的失敗成長後會引起大失敗發生。那麼，工作時失敗檯面化的發生機率又是如何？

可以參考：「海因利奇法則（Heinrich's Law）」。

赫伯特・海因利奇（Herbert Heinrich）為美國某保險公司的技術調查部部長，在一九二九年發表了一篇論文顯示這樣的法則：「一件重大事故，其背後有二十九件較輕微的事故，甚至是三百件不至於受傷，但讓人感到害怕或是嚇一跳的事故。」

若將這法則套用在工作上，表示一件能夠上新聞版面的大失敗（事故或糾紛），其背後有二十九件「輕度、產生抱怨程度的失敗」存在，在其背後又有著三百個不至於到抱怨，但會覺得「糟了！」的體驗存在。

會覺得「糟了！」是因為有危險性的認知，這正是「什麼時候發生都不奇怪」的潛在失敗，加上不計其數無法辨識的潛在失敗。換言之，我們就像是在一個什麼時候失敗都不奇怪的危險海域中游泳一樣。

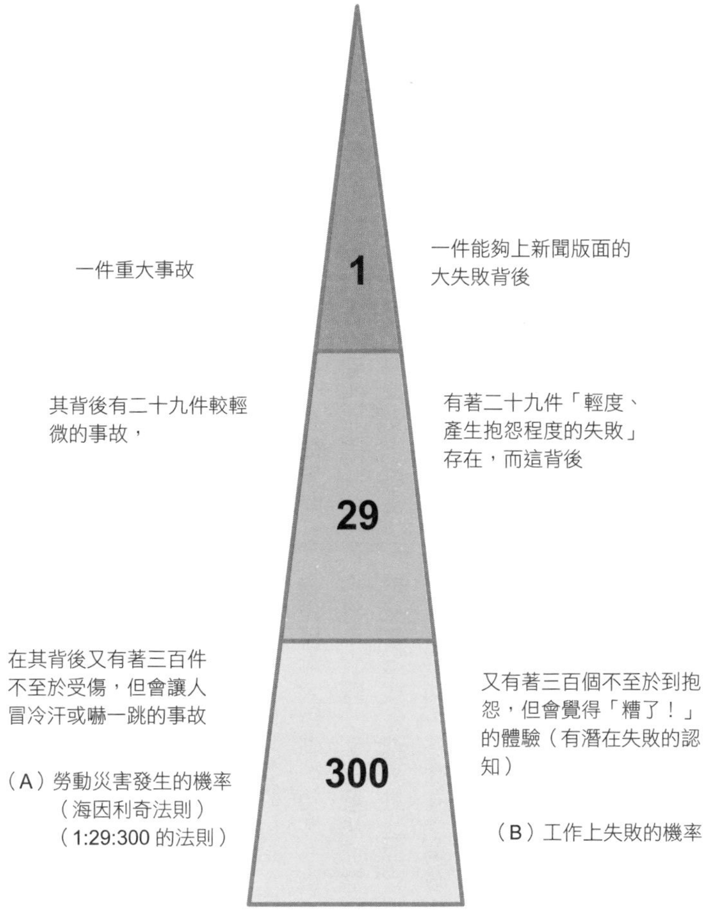
一件重大事故
1
一件能夠上新聞版面的
大失敗背後
其背後有二十九件較輕
微的事故，
29
有著二十九件「輕度、
產生抱怨程度的失敗」
存在，而這背後
在其背後又有著三百件
不至於受傷，但會讓人
冒冷汗或嚇一跳的事故
300
又有著三百個不至於到抱
怨，但會覺得「糟了！」
的體驗（有潛在失敗的認
知）
（A）勞動災害發生的機率
（海因利奇法則）
（1:29:300 的法則）
（B）工作上失敗的機率

圖 26　在工作上失敗檯面化的發生機率
（從勞動災害發生的機率推算）

透過逆演算瞭解失敗的因果關係

要預防失敗的發生，可以運用「逆演算（反向分析）」的觀點，找出隱藏在世界的「要因」和失敗的「脈絡」。

想要避免失敗重蹈覆轍，必須正確理解「什麼樣的因，會有什麼樣的果」。但是，要從失敗這個「看得見的結果」反推「看不到的原因」卻是非常困難。因此，需要利用在工學業界中也常使用的「逆演算（反向分析）」法。

具體而言，並非將失敗分為「原因」和「結果」這兩點來看，而是像圖27所示，將「原因」分為「要因（動機、問題關鍵點）」和「脈絡（比如組織內部或是人的特性）」來思考。「要因」經由「脈絡」這條管道成為「結果」，但因為層層掩蓋無法直接觀察到，必須**反過來由已經看得到的「結果」中，推理分辨「要因」和「脈絡」**。

通常，像是設計或是企劃這類型的工作，是會先擬定大目標（結果），將其分解為小的課題，再將小課題一個個解決而達到目標。換言之，這是只要這樣做就可以達成目標的「順演算（正向分析）」法。然而在順演算中必定會有所遺漏，進而影響是否會失敗。但是使用「逆演算」的觀點，可以讓隱藏在世界中的「要因」浮出水面，尋找出有可能和失敗關係密切的「脈絡」。

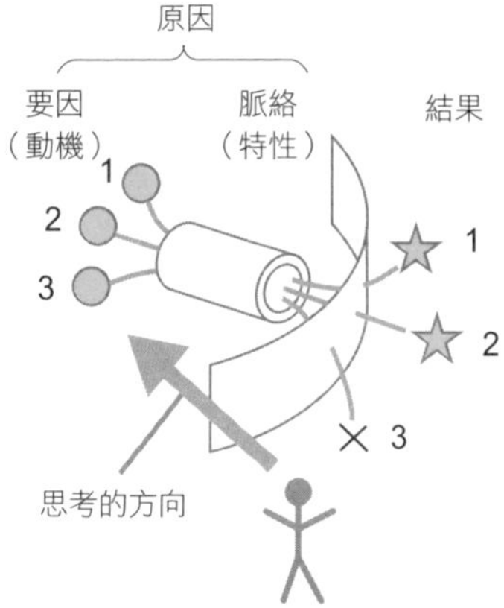

圖 27 失敗的原因及結果之間的關係

（從看得到的結果找出形成失敗的脈絡和要因）

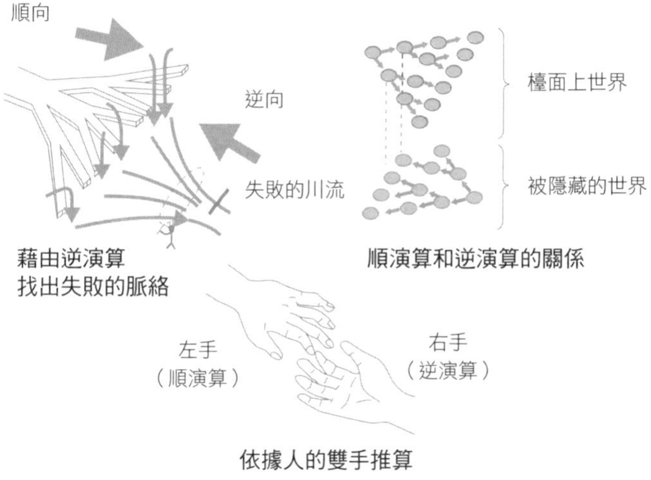

圖 28 逆演算思考的必要性

執行並分析失敗的原因①

發生失敗的原因中，特別重要的五大原因——「未知」、「無知」、「不小心」、「不遵守程序」、「判斷失誤」。

當失敗發生時，首先要做的是分析，而失敗的原因可以分類成十種。首先對於和失敗有著密切關係的五種原因說明：

①**未知**：這世界上還有很多鮮為人知的事情（不明的現象及造成的原因）存在，因此造成失敗的狀況也不勝枚舉。然而，人類在歷史上已經歷經太多次因未知導致的失敗，於是藉由徹底檢驗查證，進而找到解決方法。

②**無知**：儘管已經有預防對策及解決方法，卻還是因為學習不足而失敗的例子不在少數。大部分都是對失敗過於恐懼，在事前調查及學習上花太多的力氣，將重要的時間以及幹勁消耗殆盡反而造成失敗。

③**不小心**：只要多注意就可以防止，卻因為疏忽而造成失敗發生。過度勞累或身體不適，又或者趕時間的時候反而要更加注意。

④**不遵守程序**：違反規定好的事情（規定好的順序）而引發的失敗。特別是團隊一起執行作業時，當有一個人不守規矩、為所欲為時，就有可能造成重大事故。

⑤**判斷失誤**：當判斷的基準或產生決定的程序間，有哪個環節出錯了，都有可能發生失敗。也就是「思慮不周」、「欠缺考量」造成的失敗。

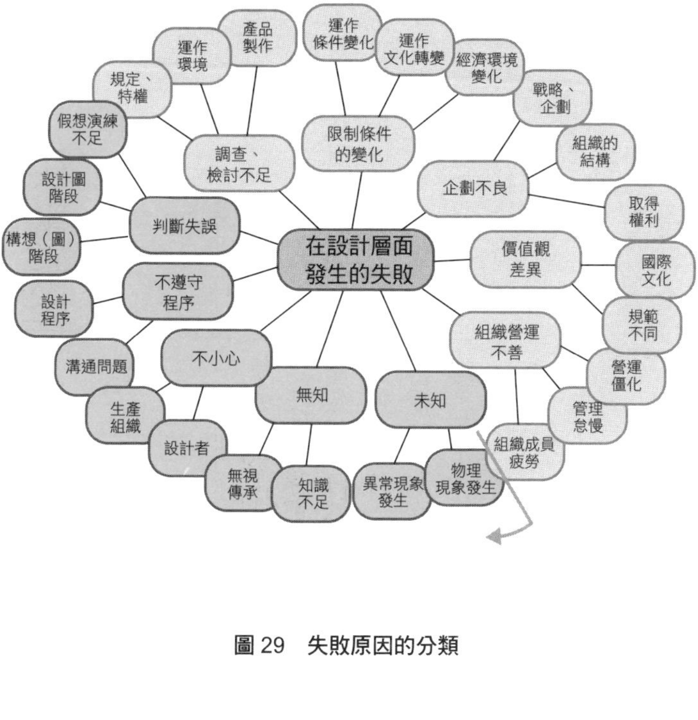
在設計層面
發生的失敗
調查、
檢討不足
規定、
特權
運作
環境
產品
製作
限制條件
的變化
運作
條件變化
運作
文化轉變
經濟環境
變化
企劃不良
戰略、
企劃
組織的
結構
取得
權利
價值觀
差異
國際
文化
規範
不同
組織營運
不善
營運
僵化
管理
怠慢
組織成員
疲勞
未知
物理
現象發生
異常現象
發生
無知
知識
不足
無視
傳承
不小心
設計者
生產
組織
溝通問題
不遵守
程序
設計
程序
判斷失誤
構想（圖）
階段
設計圖
階段
假想演練
不足

圖 29　失敗原因的分類

執行並分析失敗的原因②

不可忘記的失敗原因——「調查、檢討不足」、「限制條件的變化」、「企劃不良」、「價值觀差異」、「組織營運不善」。

接續前篇所述，組織中常會犯下的五項失敗原因如下：

①**調查、檢討不足**：背負著判斷責任的人，因為沒有掌握理應要知道的知識或情報，或是沒有確實地執行檢討而造成的失敗。

②**限制條件的變化**：在製造某項東西，或是擬定企劃時，總會事先設想某些限制條件，然而限制條件有時候會改變，因此無法得到事先預定的結果導致失敗。

③**企劃不良**：計畫或企劃本身有問題，想當然耳要成功的機會幾乎是渺茫。假如，上司立下的企劃本身很馬虎，那麼實際執行的部下則會面臨非常困難的處境。

④**價值觀差異**：當組織本身的價值觀和市場產生分歧時就會造成失敗。比如說，企業在拓展國外市場時，若無法掌握該國人民的價值觀，往往都會失敗收場。又或是，只依賴過往的成功經驗，無法掌握新的價值觀而導致失敗。

⑤**組織營運不善**：組織本身沒有具備確實執行的能力，失敗就是想當然的。最甚者，組織的領導者犯下失誤卻不承認而導致失敗。

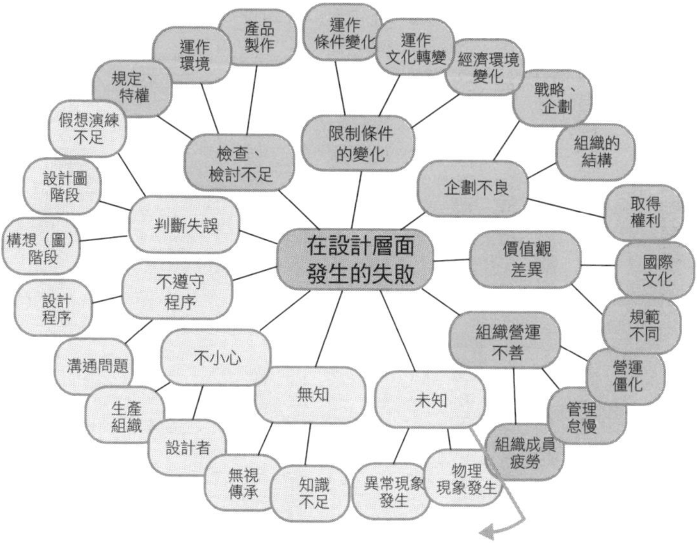
在設計層面
發生的失敗
檢查、
檢討不足
運作
環境
產品
製作
規定、
特權
限制條件
的變化
運作
條件變化
運作
文化轉變
經濟環境
變化
企劃不良
戰略、
企劃
組織的
結構
取得
權利
價值觀
差異
國際
文化
規範
不同
組織營運
不善
營運
僵化
管理
怠慢
組織成員
疲勞
未知
異常現象
發生
物理
現象發生
無知
無視
傳承
知識
不足
不小心
設計者
生產
組織
溝通問題
不遵守
程序
設計
程序
判斷失誤
構想（圖）
階段
設計圖
階段
假想演練
不足

圖 30　失敗原因的分類

公司組織常發生的失敗連鎖效應①
資訊傳遞不足

如果已經身陷隨時都有可能發生事故的狀況了，只要再有「資訊傳遞不足」的狀況發生，就會產生同樣的事故連續發生的連鎖效應。

大多數的組織，是由上位者發號司令，為了有效地向下傳達命令，組織利用不同職務的人有系統地整理，以個別分工的方式來運作。就像是樹木將營養和水分由樹幹傳達給樹枝，再由樹枝給樹葉一樣的構造（樹木構造）。

這是一種以效率為優先的組織運作模式，也就是說一件工作的工作者，無需擁有廣闊的知識，只理解自己負責的部分即可。有時，**當組織判斷對其他同事的工作內容沒有理解（連結）的必要性時，反而會切斷連結**。

然而，**這樣的樹木構造，有時反而會是造成連續失敗的最主要原因**。看圖31即可明白，在樹木構造中，當某系統末端部門產生失敗，卻很難將其體驗傳達到別的系統，換言之，即是「資訊傳遞不足」。雖然是別的系統，但也隸屬於同一個組織內，在已經身陷隨時都有可能發生事故的狀況，卻沒有辦法共享失敗體驗，因而各個系統會接連地發生同樣的失敗或事故。

最典型的例子就是軍隊或政府單位。縱向分割分得越是確實的組織，越是缺乏橫向的聯合合作，造成連續發生明明可以事先避免的失敗或事故，不停地重蹈覆轍。

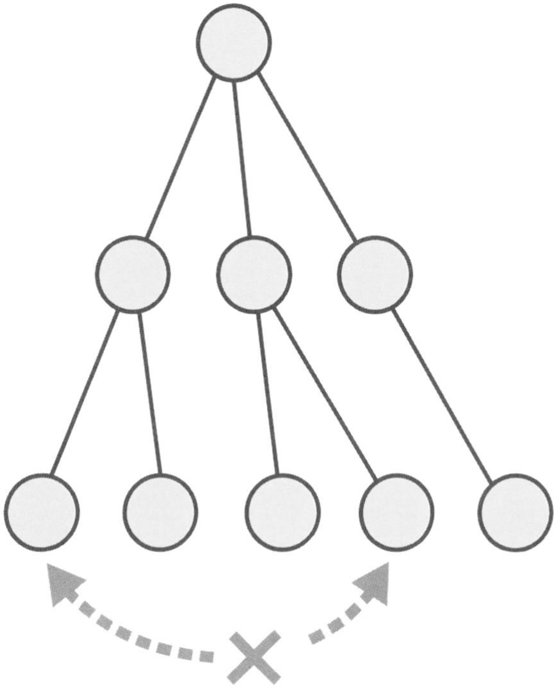

圖 31　無法向別的部門傳遞失敗經驗

公司組織常發生的失敗連鎖效應②
看不見的關聯

忽視「無形的連結」會增加失敗的機率，漸漸成為誘發事故發生的導火線。

前篇說明了那些不僅由樹木構造組成，又將內部連結切斷的組織，反而比較容易發生失敗或事故。但不只有上述原因，很多案子都是因為「無形的連結」誘發失敗的，要密切注意。

以製造車子為例：一般來說通常為了效率，製造工廠會將組織依照引擎或電子零件等不同系統區分開來，更進一步地將電子零件依照不同零件細分，進行分工作業。

但實際上，各個零件之間有著「無形的連結」。簡單地說明一下「無形的連結」，即是說某個零件的作用對其他零件是有意想不到的影響，也就是「隱藏的風險」。

例如，假設引擎本身沒有問題，但是因為活塞部分發熱，有可能就對控制用電子機械造成不好的影響，發生車子失控等的事件。然而，**如果負責引擎和負責電子機械的人員沒有意識到這個「無形的連結」，就那樣依照分工單純地做自己分內的事，失敗的機率將會越來越高**，最終有可能漸漸變成誘發事故發生的導火線。

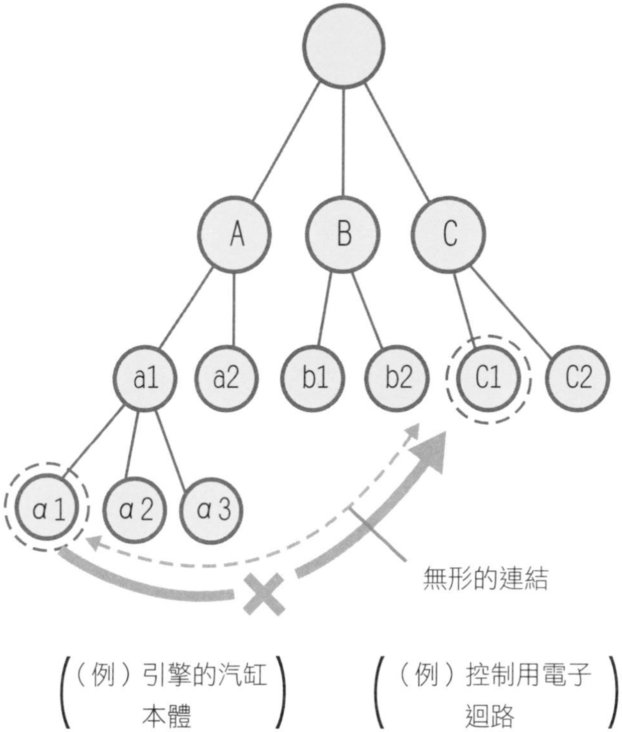

圖 32　沒有注意零件間的關聯性

公司組織常發生的失敗連鎖效應③

中途變更的陷阱

在組織內部的「中途變更」，容易發生傳遞遺漏或延遲的問題，與失敗的發生有很大的關聯，可說是萬惡之源。

「中途變更」是在樹木構造組織中引起失敗的最大原因，例如在生產現場，已經決定好的作業內容，卻因為一個部門中途變更而引起失敗。世上所發生的組織失敗中，絕大部分為這個模式，「**中途變更可以說是萬惡之源**」。原則上，當有需要變更時，應該利用組織內事先建造好的情報傳遞網絡，正確且確實地將變更情報傳達出去。然而，在實際操作上，因傳達內容的延遲或遺漏等等因素導致結果失敗的例子也是不計其數。

「中途變更」的失敗，就像是因「準備部署上的缺失」、「聯絡事項的疏忽」等等造成的失敗。比如，人事調動中，前任和繼任者間的交接不確實這樣的情況。然後，沒有人發現訂單有遺漏或是聯絡事項有錯誤的狀況依然進行工作，最終導致全體因為失誤發生而不得不停止作業。我以前看過有人為了不要忘記聯絡事項，在手指頭綁上線。相當不錯的想法，順帶一提，我個人對於當有了不得不延後的聯絡事項時，會將其寫在短箋上並貼在顯眼的地方，這樣稍微花點工夫，便可減少失敗發生。

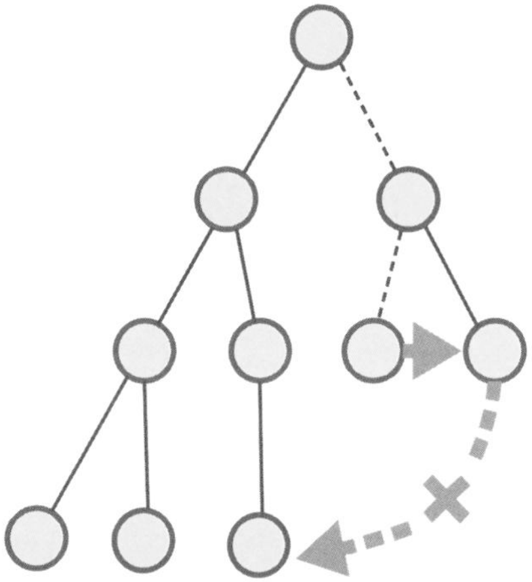

圖 33　中途變更為萬惡之源

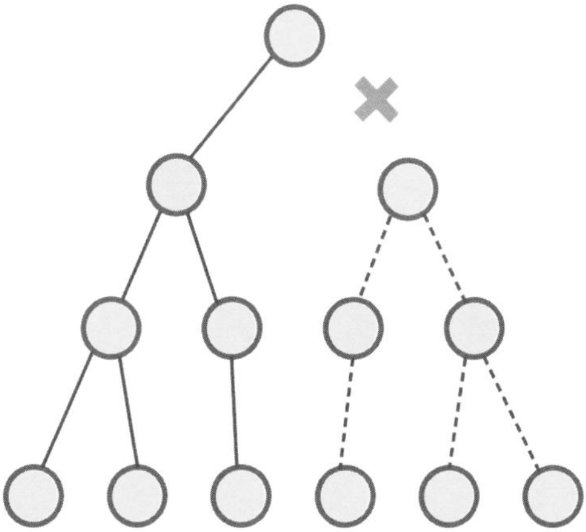

圖 34　沒人發現部署安排有缺失

瞭解失敗情報的特性①

失敗情報，是會隨著時間而「衰減」，更會進一步的「單純化」、「扭曲化」，然後漸漸「傳奇化」。

要如何有效運用失敗情報，是本書的一大主題，在探討這個問題之前，首先應該要瞭解失敗情報的「特性」：

①**衰減**：失敗並不是什麼值得自豪的事，因此傳達情報有其困難度。當時間慢慢過去，每向各部門傳達時，情報可能急遽地衰減，失去其重要性及緊急性。

②**單純化**：每傳達一次情報，其內容將漸漸單純化。如果是有紀錄留存的話還好，若只經由口頭的方式傳達，內容會被簡短化、單純化，即使想要從中瞭解經過或學習原因也較無成效。

③**扭曲化**：失敗情報有時會被扭曲，因為失敗情報的傳達而感到不利的人必定是存在的，重複著數次微小的調整後，情報將完全被扭曲，會和開始完全不同。

④**傳奇化**：大和戰艦因為缺乏戰爭形態已從「大艦巨砲時代轉變為飛機時代」的認知，仍然按照以往的作戰方式而被擊沈。最後被傳奇化成「悲劇的戰艦」或是相反的「繡花枕頭」。悲劇的故事通常比較容易訴諸情感，容易變成神話。然而傳奇化的結果是見解一面倒地偏向單方面，阻礙了其知識的正確傳承。

失敗情報的特性

- ①衰減

  隨時間而減弱，或是因為傳遞過程而衰減。

- ②單純化

  倘若沒有紀錄則數據內容將被簡化，漸漸單純化。

- ③扭曲化

  因利害關係人的人為扭曲。

- ④傳奇化

  為了方便理解而傳奇化，進而變成固定觀念。

- ⑤地方化
- ⑥組織內部情報無法上下傳遞
- ⑦情報未累積
- ⑧傳承不易

圖 35　失敗情報的特性①～④

瞭解失敗情報的特性②

失敗情報，是會「地方化」，既難以「組織內上下傳遞」，也很少「累積」，並且「傳承不易」。

承前篇所述，失敗情報的特性除前篇四項以外，還有下列四項：

⑤**地方化**：在某地方發生的失敗，很難傳遞至其他地方，甚至於在某部門發生的事情都很難傳達到隔壁的部門。結果，失敗情報停留在原發生的地點，無法擴散傳達至全體。

⑥**組織內部情報無法上下傳遞**：失敗情報不只很難橫向傳達，甚至很難從組織的上層向下傳達。基於情報網絡，上司或部下對犯了錯誤當事人的評價會上下傳開。想當然耳，多數人會試圖隱藏遮掩所犯下的錯誤，避免讓他人知曉自己的失敗。

⑦**情報未累積**：通常成功的經驗，都會積極地累積儲存並活用。但是，負面的失敗情報卻是很難蓄積，原因在於即使蓄積了失敗情報，也不能保證活用後立即就有加分效果。

⑧**傳承不易**：同前所述，失敗情報不管是在組織或是在個人都很難蓄積。即使將其累積儲存，最後能夠順利地接觸並有效利用的體制，在現階段來看也是少之又少。其結果就是被感到不方便的人一點一滴地消除。

失敗情報的特性

- ①衰減
- ②單純化
- ③扭曲化
- ④傳奇化
- ⑤地方化

  某地發生的失敗情報無法散播到其他地方。

- ⑥組織內部情報無法上下傳遞

  某地方發生的失敗情報既無法傳至上層，亦無法下傳。

- ⑦情報未累積

  成功經驗容易蓄積但失敗情報則相反。

- ⑧傳承不易

  如同⑦，原本就不容易蓄積更何況傳承。

圖 36 失敗情報的特性⑤～⑧

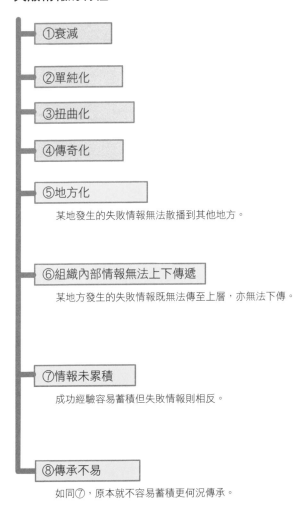

失敗科學的基礎

客觀的失敗情報派不上用場

從失敗中學習，最重要的並非來自第三方的客觀分析，而是當事人生動鮮明的體驗情報。

經過前面幾篇的說明，我想大家都已經充分瞭解失敗情報的性質是多樣且多變的。但是，**如果不能正確地將已經發生的失敗情報傳達出去，則無法活用在下一次的作業中**。而我想特別指出「傳達失敗情報時，客觀的失敗情報是沒有用的」這一點。

當大事件或是大問題發生時，常常由企業或管理職的行政人員主導組成特別團隊，利用旁觀者的角度，試圖尋找造成失敗的原因。的確，為了能知悉責任歸屬，這樣的客觀分析是有意義的。然而，在向上呈報的報告書中只有寫著失敗的結果，若想要從中學習避免失敗的知識，進而得到創新的知識是不可能的。

想要從他人的失敗經驗中學習，最有用的是那些用第一人稱敘述、身入其境的情報：「在當時，造成失敗的當事人在想什麼，又處於怎樣的心理狀況？」，或是「在面對失敗時，採取了怎樣的行動？」

若由旁觀者所寫出的報告書，是無法反映當事人的心聲，亦無法表現失敗的脈絡（真正原因）。其實，當事人的言語才包含旁觀者無法知曉的事實，請不要忘記這點。

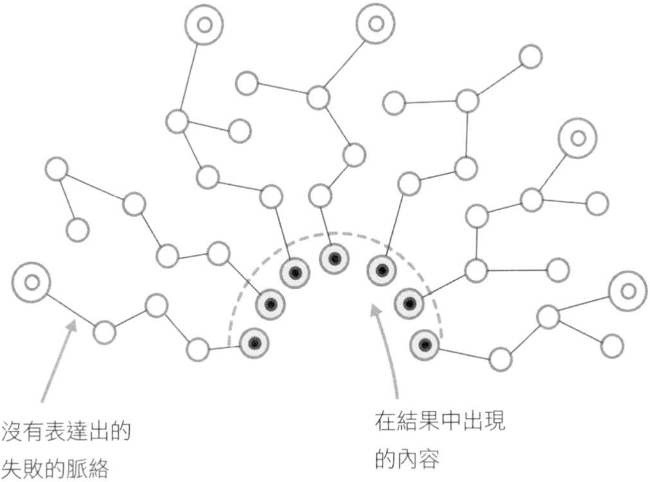

（只有失敗的結果無法傳達任何訊息，必須記錄導致此結果的過程脈絡才能完整傳達失敗情報。）

圖 37　傳達失敗事件脈絡的重要性

六個記述失敗情報的必要項目

「事件」、「經過」、「原因」、「處理應對」、「總結」，詳細記錄上述項目，將其「知識化」，失敗情報才有可能正確地傳承。

從一個失敗教訓中學習，並且運用在防止再次發生同樣的失敗狀況，需要依照以下順序記錄失敗情報：「事件」、「經過」、「原因（推測原因）」、「處理應對」、「總結」（有時會需要加上「背景」）。**上述順序，是分析過人類對於事物的理解，必須經由這樣的順序才能將其記住的思考模式而得來的**。

首先，在「事件」部分確實記錄失敗的事實。其次，記錄失敗的事發「經過」，失敗是如何發生？將值得注意的地方，儘量確實詳細地闡述、記錄，有時可以畫些插圖亦或是貼上照片補充說明。

第三項為敘述「原因」，重要的不只是事實的正確性，連同當下自己的感覺以及想法應該確實記錄。包含「莫非是……」這類的「原因推測」也很珍貴。因為那將成為啟示，連接著新的發現，將來可能會發掘出令人意外的真相。

接著記錄「處理應對」，記述當失敗發生時做了什麼樣的行動，依照不同狀況，有時失敗發生前的處理對應也需要一起記錄。

最後，將失敗的內容總結，並將這些記述「知識化」，以求失敗情報能正確地傳予後人。

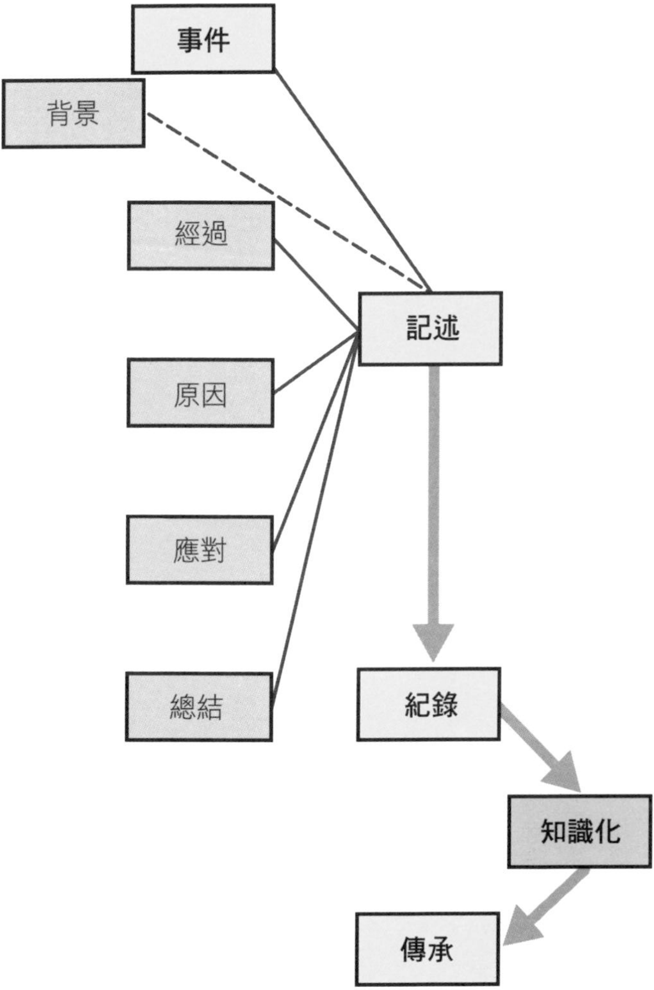

圖 38　傳承失敗情報必備的內容

如何傳遞失敗情報？

傳遞失敗情報的途徑，共有「記述」、「紀錄」、「假想演練」、「教育」、「氛圍」等。

前篇提到，失敗情報的傳遞是由「記述」與「紀錄」開始的，紀錄不限定文字書面紀錄，可以利用具象的畫像、影片、動畫、聲音、震動等這類直接的感受，實際的體驗也是有效的傳達方式。

此外，「假想演練」也是很有效果的。舉例來說，飛機的飛行模擬器即是代表。幾乎完全呈現實際操作時會發生的狀況，有時因為操作失敗模擬而更能瞭解、學習到如何應對、預防、或化解事態。更重要的是「體會」，在車子行進時故意緊急剎車，體驗接踵而來的旋轉，掌握手剎車的正確操作；或是實際點火、實行滅火活動等消防演習訓練經驗的累積，等到真的發生事故時就可以冷靜採取正確的行動。

但**其實最重要的還是「教育」**。考量到失敗經驗在一眨眼的工夫就會被人隱藏，漸漸弱化、單純化的這點，失敗教育應該要公開舉行，儘量讓越多人看到越好。而且，不只一個一個地分享教導應對處理方法，而是**採取對話與討論的方式，讓參與者自行思考得出答案**。另外，切莫忘記亦可以利用傳說或是讓對方習慣的「氛圍」來傳達，就像跨時代持續講述、傳遞東日本大震災時的記憶。

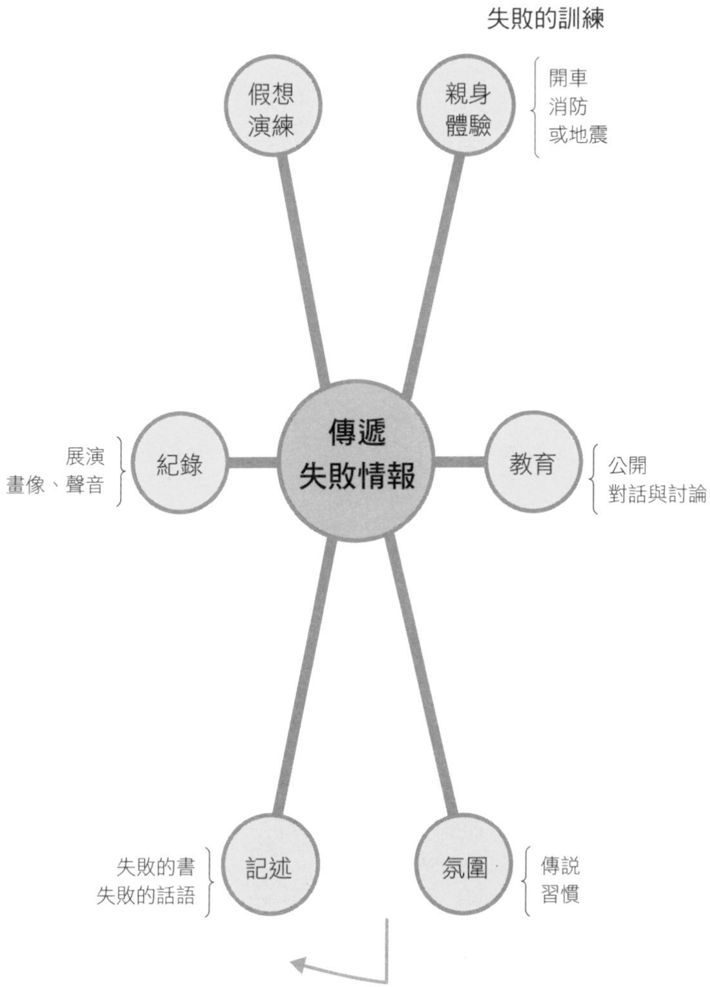

圖 39　傳遞失敗情報的方法

從重大事故中學習①
美國塔科馬海峽吊橋崩塌事件

因為此吊橋的崩落事故，發現了原本並不知道的自激振動，同時也瞭解紀錄的重要性。

事件　一九四〇年，美國華盛頓州建造一條橫跨塔科馬海峽的吊橋，卻在四個月後因不敵秒速十九公里的風而倒塌。

經過　吊橋依據當時最先進的設計建造而成，完成後只要大風一吹，吊橋本體則會大幅度搖擺，因此實行檢討解析及補強計畫。然而，在同年的十一月七日，當華盛頓大學的弗雷德里克・伯特・法誇爾森教授（Frederick Burt Farquharson）帶領團隊拍攝吊橋時，橋面大幅度左右搖擺，並在數分鐘內崩塌。

原因　吊橋崩塌的原因是由於強風的吹襲產生振動引起「**卡門渦街**」效應。當時，這還屬於未知的知識。事故發生後的風動實驗中，發現橋梁因剛性不足容易扭曲，以及橋梁形狀在空氣力學上處於不安定的狀況。

應對措施　成立事故調查委員會，在事故發生後四個多月即完成報告書。

總結　由法誇爾森教授拍攝的影像，以及事故發生後的風動實驗解析中，瞭解到自激振動的機械論和橋梁剛性的必要性，在此教訓中學到的動態分析，成為日後吊橋設計的指標。

知識化　由此瞭解若不考量自激振動而建立的橋會崩塌；並知道活用失敗以及留下紀錄的重要性。

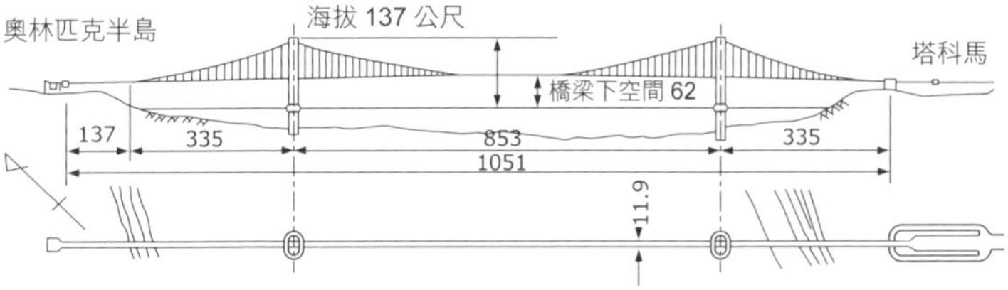

圖 40　塔科馬吊橋的構造概要

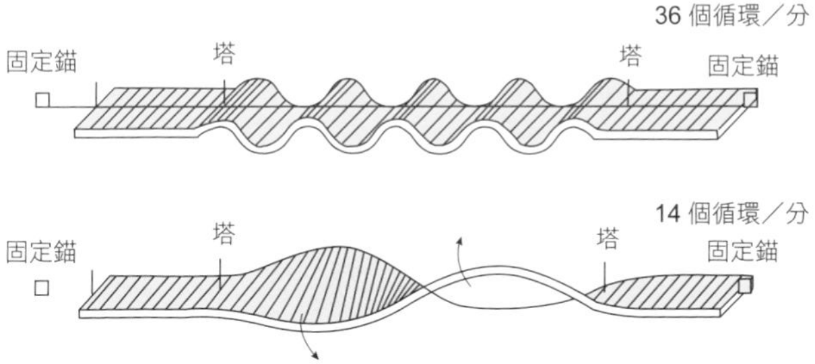

圖 41　塔科馬海峽吊橋的振動狀況

塔科馬海峽吊橋崩塌示意圖

從重大事故中學習②美國自由輪沈船事件

為了查明船隻接二連三損壞的真相，美國實行了多方研究，這些研究對日後的熔接技術有很大的貢獻。

事件　美國在第二次世界大戰中建造了將近四七〇〇艘自由輪（在當時採用跨時代性的模組和焊接方式，以約一萬頓的規格建造的運輸船）然而，在啟航後沒多久，一九四二年到一九四六年間約有一二〇〇艘船（約四分之一）發生船體破損事故，其中二三〇艘沈沒，或無法使用。

經過　多發生在北太平洋，且多為氣候寒冷時。也曾發生過船本體自中間裂為兩半情況。

原因　因鋼板以焊接方式接合，和以前使用鉚釘鉚接不同，無法抑止龜裂。由物理學來看，焊接殘留膨脹、欠損、低溫脆弱性等等都有可能是造成事故的原因，主因特別有可能是低溫脆性。

應對措施　當時進行了大規模的調查研究，比起注重設計上的不完善或是作業品質不良，更應該重視鋼材切槽（用以量水位）的脆性及其適應溫度的問題，開始多方廣泛地研究、實驗。

總結　為查明此次事件發生原因的眾多研究為日後的焊接技術提供了很大的貢獻。

知識化　自由輪的焊接部分因為難敵低溫，以及缺口造成船本體的破壞。在徹底地調查事發原因後，弄清楚這些都是物質物理上的現象。

第二次世界大戰中的美國

建造自由輪 X 4700 艘

其中船本體損壞 X1200 艘

其中沈沒、無法使用 X 230 艘

原因是焊接部分的脆性問題

↓

考量鋼板脆性，改良規格

圖 42　美國自由輪的損壞狀況

自由輪示意圖

從重大事故中學習③ 英國德哈維蘭航空公司彗星型客機

當時的品質確認測試將飛機本體的壽命多預估了十倍以上，結果兩架飛機墜落，市場被其他家航空公司奪去。

事件　世界第一台噴射機型客機──「德哈維蘭慧星型客機」，在一九五二年華麗登場啟航，卻在一九五四年相繼發生空中爆炸墜毀事件。

經過　一九四二年，英國政府為了戰後航空產業的存亡，著手客機開發計畫，完成了彗星型客機。一九五三年接受訂單，製造出產將近四十七台。然而在一九五四年一、四月相繼發生墜落事件，彗星型客機的飛行遭到全面禁止，並展開事故原因調查。

原因　空中爆炸的原因是由於金屬疲勞使得天窗的鉚釘部分產生龜裂。德哈維蘭公司誤判金屬疲勞部分的實驗結果，高估其壽命十倍以上。

應對措施　採取改善實機疲勞試驗，強化機體構造、機體材料等。

總結　彗星型客機由於長期在高空高速環境下，飛機內外氣壓不平均，導致金屬疲勞，最終空中爆炸墜落。因調查墜落原因，瞭解到同種機體的疲勞壽命實際上非常短的。然而，花了四年的時間才再度開放飛行，這期間噴射型客機市場已經被波音奪走。

知識化　應該實施儘量接近實際使用狀況的品質確認試驗。

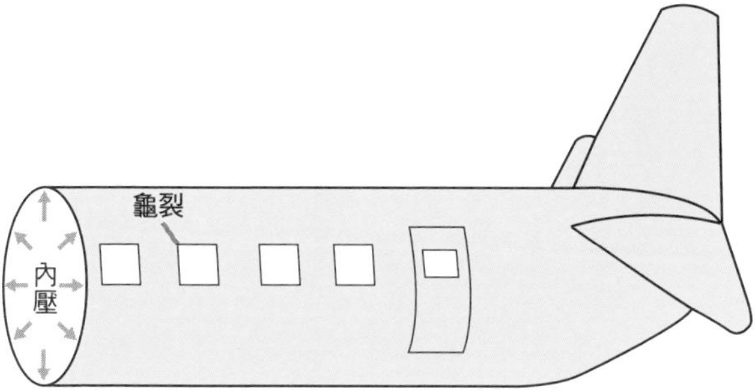

圖 43　機體發生龜裂

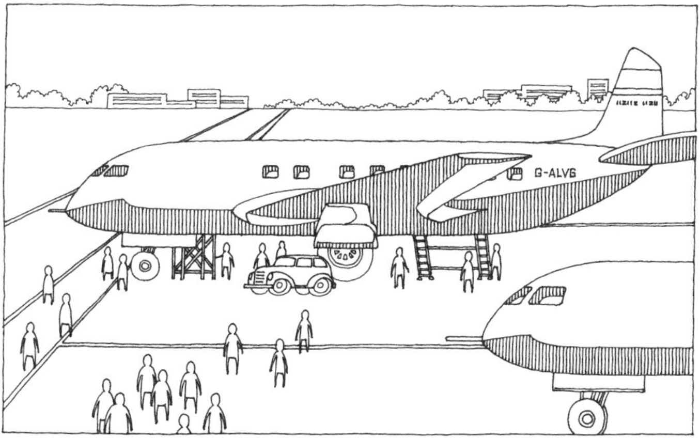

彗星型客機示意圖

來自失敗科學的建議①包含「潛在失敗」一律看成虧損

我們必須要有「如果不採取什麼失敗對策則會虧損」、「能活用失敗則自己公司的評價會上升」這樣正面的想法。

潛在的失敗、事故的發生率正在節節升高卻不自知；失敗的預兆就在眼前了，卻視而不見，最後導致事故發生的例子不勝枚舉，其中大多數主因都是因為拘泥於眼前的利益造成的。

減少本來應該要做的保養次數，讓生產線運轉至最大極限；或是為了生產效率，利用生產線方式使工作者沒有其餘選擇只能做被分配到的工作；亦或是大量僱用非正式員工，降低人事費用貪小便宜等等；也有人為了利益有著類似「希望儘量不要執行安全管理政策以節省龐大經費」這樣的想法。

然而，一旦一個致命性的失敗發生，其波及程度之大，甚至可能危害到企業的存活。**能夠將看不見的失敗具體化，進而提早做足準備才是最有效的預防方法**。

比如說，在資產負債表上的負債項目，加上「潛在失敗」的項目。以萬一發生失敗為前提，預測失敗的損失程度，再乘上失敗發生的機率，以帳面損失的方式顯示。最重要的，還是企業領導者需要有「如果不採取什麼失敗對策則會產生虧損」的概念。更進一步地，最好是能夠要求自己抱持著「能活用失敗，那麼自己公司的社會評價會上升」這樣正面的想法。

企業最大的目的就是提高利益

- 減少人事費用
- 減少安全管理費用
- 隱蔽失敗

現階段，施行這項策略的話

- **短期內利益的提升**

↕

- **長期可能提高造成重大虧損的失敗的可能性**
- **危害到多數的消費者即是危害社會**

可以這樣做

提案　**會計結算時在資產負債表上的負債項目增加「潛在失敗」這一項**

經濟上，不採取失敗對策則會產生虧損

能夠有效活用失敗，評價則會上升

圖 44　應該將「潛在失敗」加入帳面損失的理由

來自失敗科學的建議② 學習美國面對失敗的姿態

日本也需要「比起追究個人責任更應優先查明失敗原因」的法治整頓。

本書主張有效利用失敗的積極文化。要建構這樣的文化就必須仰賴能使其前進的社會制度，然而針對這一點，應該多向美國學習。

在美國有「司法交易制度」，用免責的條件換取犯罪的真正原因。這個制度也就是提供身處在犯罪漩渦中的當事人一個免責的保證，以換取事故發生經過之真相。

本來，**要能有效地利用失敗，必須以「擁有正確的失敗情報」為大前提**，然而對於當事人來說是一個自己也許會被控有罪的狀況，因此要求他誠實地敘述事情經過是很困難的。在這時，可以提供不追究責任（或是減刑）的條件與其換取真相。另外，美國也備有保護證人的法律。

另一方面，美國對於那些有意圖的犯罪，或是明知犯罪已發生卻不採取對策等「故意的過失」的不作為犯，則是毅然地給予重罰（制裁、懲罰的賠償制度）。

總之，就是「比起追究個人責任更優先調查失敗的原因，這樣更為重視公共的利益」的概念，我認為日本應該要學的部分還有很多。

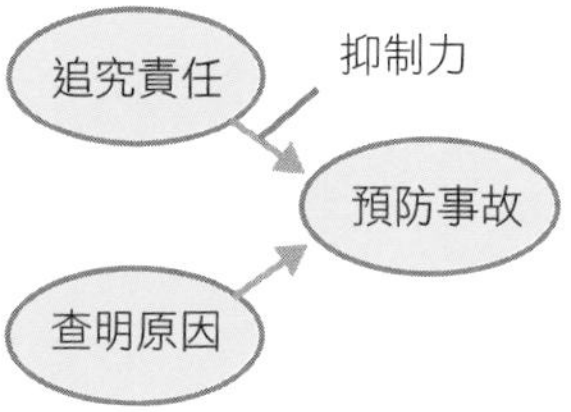

(a) 刑法學者主張

追究當事人的責任才能防止事故發生

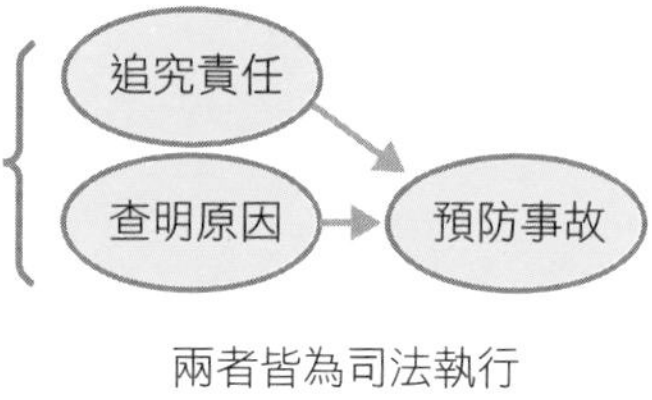

(b) 大多數國民的誤解

追究責任和查明原因皆為司法執行，這才是和防止事故息息相關的。

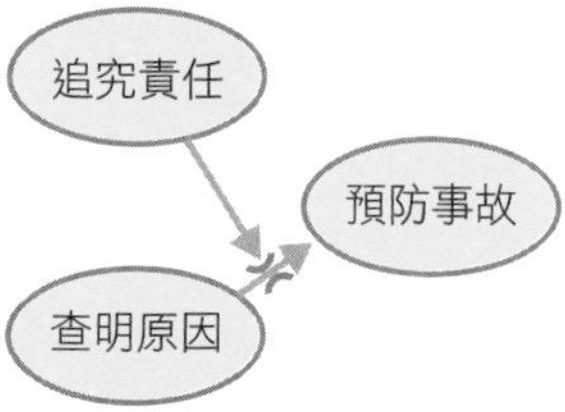

(c) 事實上的狀況

在日本的法庭上，一味追究責任歸屬，結果常常未查明原因就終結案件

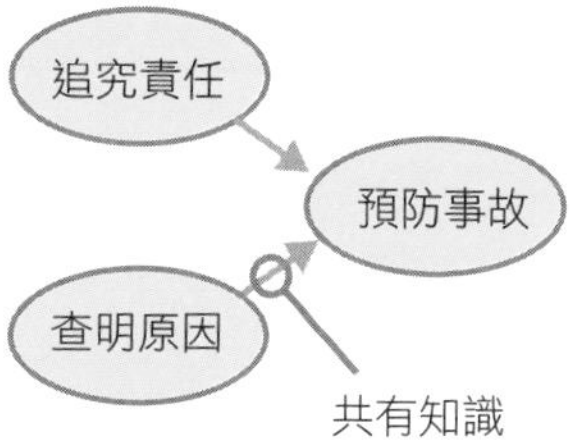

(d) 希望的狀況

以查明原因為目的，共同享有知識防範事故發生，必要的時候才追究責任。

圖 45　追究責任及查明原因的關係

來自失敗科學的建議③ 動態保存的重要性

藉由動態保存事故的殘骸，使其成為「社會的共有財產」。這是避免重蹈覆轍的第一步。

將失敗轉為教訓的其一方法是「動態保存」。

一般來說，**動態保存是盡可能保持機械類的動作運轉狀況，在這裡是指事故的殘骸即使不能動了也要保存**。假設，有重大事故發生，大多數的企業或公司會因為顧慮形象，而將事故的資料毫不保留地處理掉。然而，這樣是無法將這事故的教訓傳承後世。我認為應該將其保存，並以可以觸碰、移動的方式展示，讓後世的人們能夠實際感覺到當時發生過什麼事，進而延伸至防止事故再發生。

不只讓事故停留在所有人的記憶中，更將其以「社會共有財產」的方式記錄，並讓「需要這資訊的人在有需要的時候不論何時都可以使用」。我認為這才是不重蹈覆轍的第一步。

比如在六本木之丘發生的大型自動旋轉門事故（一名六歲男童不幸被夾在旋轉門的門框和旋轉扉中，因顱骨破裂而死亡。）之後，森大廈和旋轉門的販賣公司——三和Tajima一起將引發事故的自動旋轉門動態保存在三和Tajima的設施內（琦玉縣毛呂山町）。

另外，日航123號班機墜落在御巢鷹山，也將飛機殘骸設置在「安全啟發中心」（羽田機場的整備地區內）。我強烈希望這樣的對策能夠更進一步地發展。

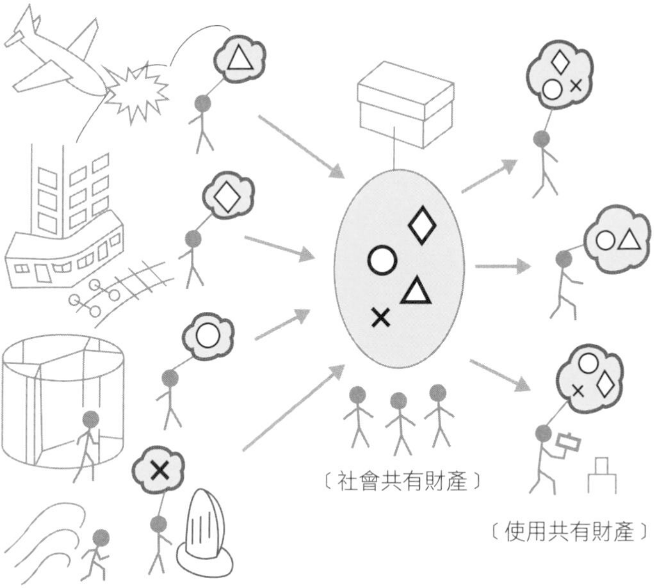

圖 46　將已發生過的重大事故以社會共有財產的形式保存

Column 2　　失敗科學實踐錄②

從事故造成的生存危機中再度站起來的前田建設

前田建設工業是在水庫建設方面成果豐碩的大承包企業商。然而在一九七〇年代，因為連續的死亡事故，導致公司面臨存亡危機。一九七八年，在山形縣內的隧道工地現場，發生了瓦斯爆炸，造成九名作業員死亡；翌年（一九七九年），上越新幹線大清水隧道的挖掘現場發生火災，共計十六人死亡，在將隧道內用以挖掘全斷面使用的鋼製穿孔重機解體時，瓦斯熔斷的火花點燃了掛在車門上的燈油，釀成火災。此外，還有發生其他工安問題，該公司的座右銘：「良好的工作贏得顧客的信賴」也搖搖欲墜。

於是，在公司內部展開了大規模改革。將之前總是以經驗、感覺，以及膽量為賣點的工地現場設為研究對象，研究即使沒有死傷者但感覺「危險」的事例，深入探討原因，進而找出事故發生的主因，並製作重現大清水隧道事故現場的影片，用於公司內部的安全教育上。經理、人事、營業等部門也進行整頓，徹底實行安全管理。主導此項改革的正是當時的社長前田右衛兵（已故），平時就常常將「站在頂端領導者的責任是：培育能夠分享相同價值觀、情報，和凡事以『自我責任』領導自己人生的人才」掛在口中。

Step

3

成為轉變失敗為創造的人

【從失敗到創造】

與理論思考不同的「創新思考」

創新需要理論思考是個錯誤觀念。實際上，當人在進行創新思考時，很少會連結到理論的思考區域。

常有人說，「理論的思考」是進行創新行為不可或缺的部分。這裡所說的理論思考，就是前章節所提到的「樹木構造思考」，或者可以說是「有條理的思考」，然而我認為這是不正確的。

向某人傳達自己的想法時，要好好說明起承轉合，有條理的說明方式比較容易將訊息無誤地傳達給對方。

就如同圖47（b）所示，按照順序說明比較容易讓對方瞭解自己的意思，也較容易向多人正確地傳達自己的想法。但這並不代表創新需要理論思考，事實上，**當人在進行創新思考時，大腦很少會連結到理論的思考區域**。

如同圖47（a）所示，反而較常出現下列兩種過程：「首先有題目，其次思考要達成的目標，最後用條理補強」，或是「首先有目標，其次考慮題目及過程步驟」等等。

在不瞭解這構造的狀況下，誤解「想要從失敗中產生出新創造力，理論的思考是不可欠缺的」，這樣的錯誤觀念是無法掌握真正的創造力。

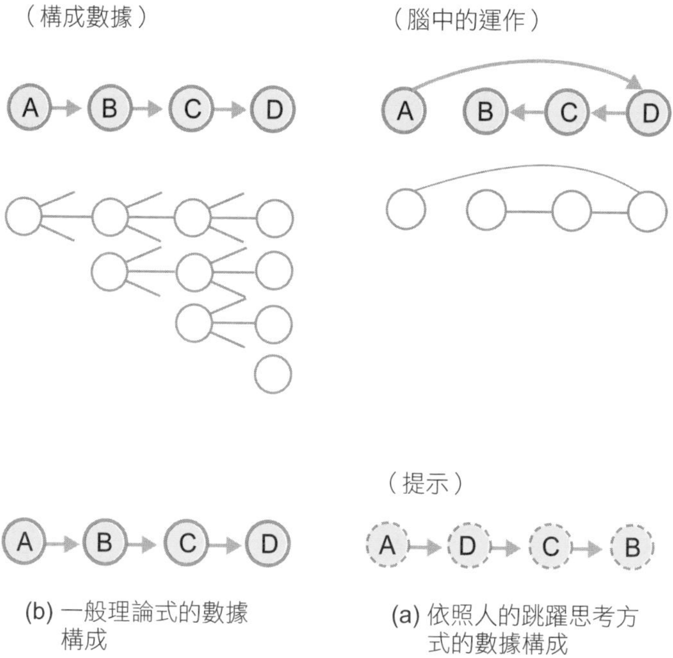

圖 47　人思考順序中，數據的構成和提示

進行創新思考時腦袋所想的事

將落在思考平面上無數個構想連結在一起，使其條理化才是創造性的思考。

當人在進行創新思考時，腦內會有什麼樣的狀況呢？

人本來就是無法在什麼都沒有的情況下思考。**在動腦思考的時候，必定有個「想法種子」，而成為種子的「源頭」則有很多種**。

有在學校學習到的知識、靠直覺隨便想到的，又或是同自身的失敗經驗一樣，從經驗中學到的東西。這些種子，通過持有人的生活方式或是喜好等個人性格過濾後，掉落在思考平面（圖48（a）最下方），人才開始動腦思考。那時，所謂「想法種子」會在瞬間且同時間毫無預警地分別出現，這也就是「孤立分散假設論」（圖48（b））。

是的，在這個階段的「想法種子」是各自獨立，且互相沒有連結的。**將那些種子與種子相互連結，統整並使其有條理脈絡這個動作是創造性思考中最重要的一個部分**。

種子與種子間的連結作業並不簡單。大部分的情況是無法順利連接，必須不斷地嘗試，然後經過幾次試驗失敗，最後才終於在思考平面中出現題目（課題，左端的◎）以及由題目引導出的解（結論，右邊的◉）。

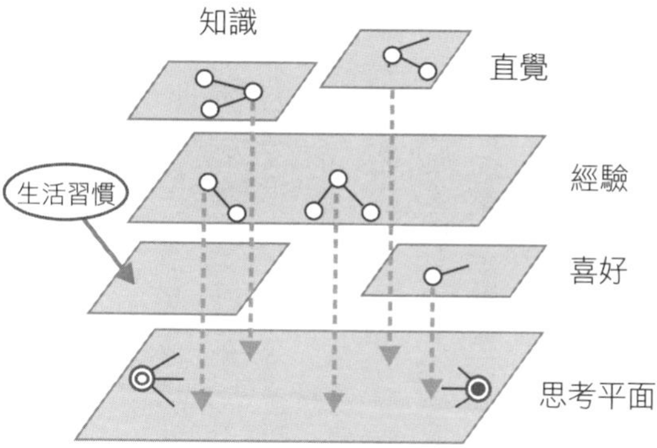

(a) 多種源頭產生的想法和
思考平面的投射

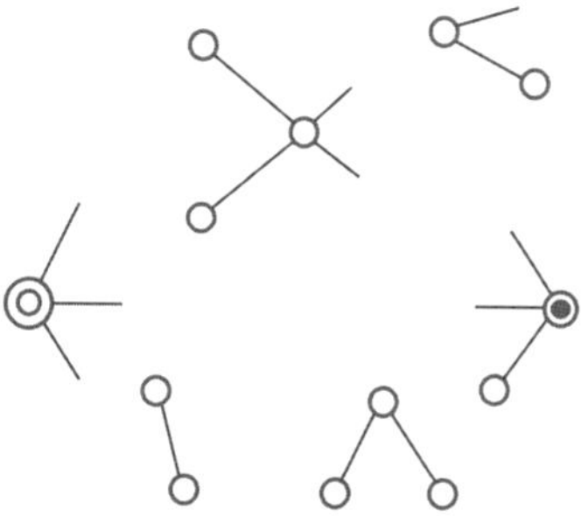

(b) 投射在思考平面的孤立
分散假設論

圖 48　思考剛開始的階段，腦中發生的狀況

替想法種子接上脈絡，實行假設立證

假設立證會隨著失敗過程逐步修正。經過不斷失敗，假設會越來越有道理，直到完成目標。

想法種子和種子間連接的方法（也就是脈絡整理），因人而異。其次，應該把哪個種子與哪個種子連結？又要如何連接？這有無限多種可能性，但是不論何種，都必須先將有可能成為種子的東西取出來開始作業，無論哪個都行，**將起始點到終點連結起來，把其中不必要、多餘的部分排除，慢慢修正使其單純化、沒有多餘的修飾**。

假如這樣還是無法順利進行（失敗時），那就乾脆放棄，試試下一種做法。這樣經過嘗試錯誤的作業，在失敗學上稱作「假設立證」。而「創造的過程中一定會有失敗」就如同這句話所說，應該要接受有可能會不斷地失敗這個事實。在反覆的失敗中，也許多少會感覺有漏洞、矛盾、徒勞，但終究還是會到達一開始所期許的目標（圖50）。

順帶一提，在擁有豐富創造力的人之中，有些人有「思考的野獸之道」，野獸之道的意思是動物在歷經累積多時的體驗後，就可以找到一條安全且方便的路線移動，而擁有「思考的野獸之道」的人，經歷失敗的次數很少，卻可以比他人更快得到解答。儘管如此，想要成為那樣的人，就必須比常人累積更多經驗。

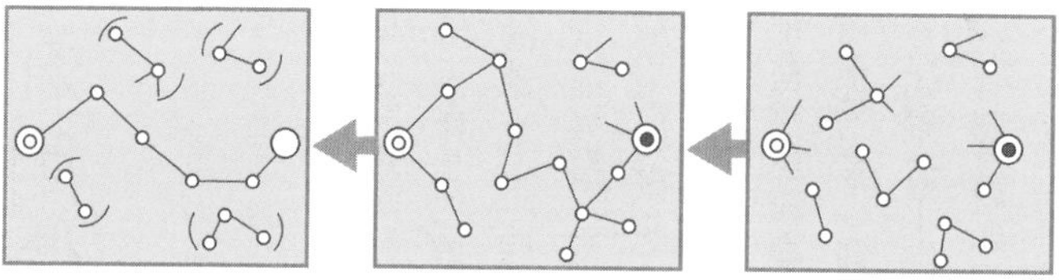
排除多餘及不必要的，再將其連接
總之就是連接起點和終點
先取出會成為種子的東西

圖 49　在思考之後的設計階段，腦中產生的現象（脈絡連接）

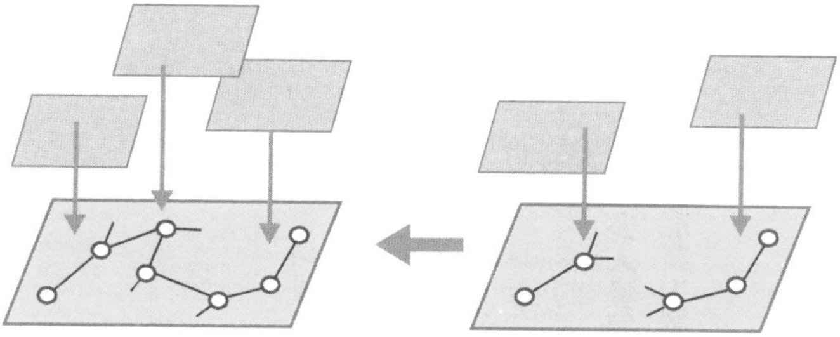
即使有些漏洞、矛盾、徒勞，但還是達成所期許的目標（成功）
乾脆放棄，試下一個
嘗試過卻不順利（失敗）

圖 50　假設立證的過程

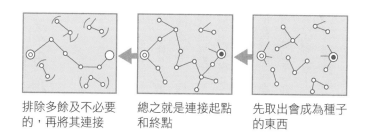

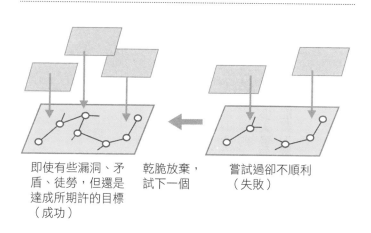

利用假想演練整理想法

反覆地檢討修正原先設定的失敗，克服最大的問題點，才能發揮自己的強項。

在前篇瞭解想法種子間的連結，以及使其有脈絡條理等操作是很重要的，而其中不可欠缺的是「假想演練」。「假想演練」是指「假設多種狀態，研究並模擬，反覆地檢討與修正從連接想法種子而產生的東西，思考是否真的那樣就好了。」

假設正在構思商品企劃，接上脈絡的時候就應該邊試想著：多少錢比較會暢銷？設計成那樣就好了嗎？如果賣不出去的話要怎麼調整？外在環境改變的話應該如何因應等問題，排除不可行、徒勞的部分，精益求精。

重要的是，要怎麼面對事先設想的失敗。人，對於自己辛苦累積成就的事物，只願意看它好的一面。那樣的話，**會過於低估「不利」的設想狀況，這就是陷阱的所在。低估了整體的狀況，實際執行時，常常會遭遇「完蛋了」的狀況**。

為了防止那樣的失敗，必須聽取周遭人的意見。雖然說被周遭的人批評並不是一件很好受的事。然而，**越多人參與假想演練，越能改進並克服問題點，才能將力量原原本本地發揮出來**。

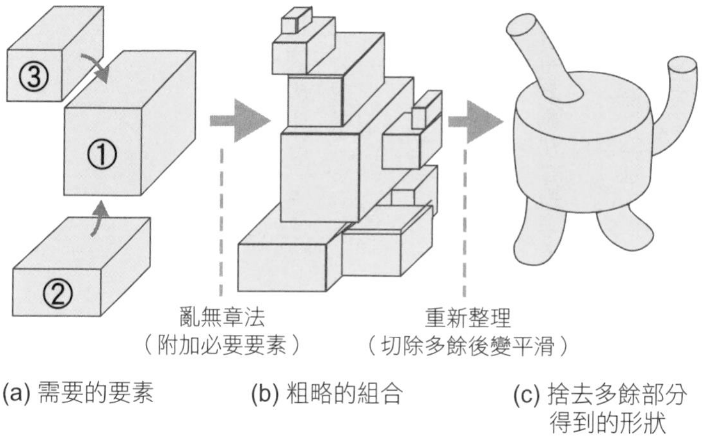

圖 51　重新整理的示意圖

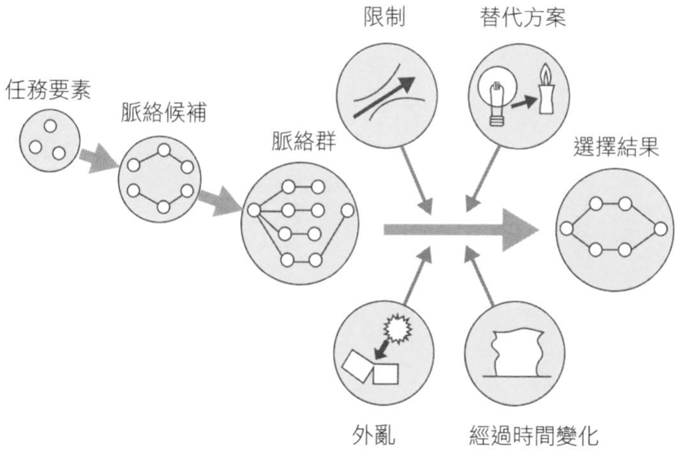

圖 52　假想演練（演習）

從失敗到創造

擁有多個完成度高的劇本就可以預防失敗

在這世界上發生的現象很多乍看並不相干，但實際上都是按照同一個劇本進行的。

前篇所述「假想演練」，在某種意義上來說，可以比喻成寫出高完成度劇本的一種作業。將那個劇本預先輸入大腦裡，在很多場合中都可以派得上用場。因為，在這世界上發生的現象，很多雖然乍看完全不相干，但實際上都是按照同一個劇本進行的。因此，**有必要事先掌握多數且高品質的劇本，以防範失敗於未然，也可以說是在將損害抑制到最小這層意義上，非常有幫助**。

舉例來說，二〇〇一年引發的BSE（牛腦海綿狀病變，俗稱狂牛症）騷動時，日本農林水產省的應對為時已晚、落後一步，全日本籠罩在不安的情緒中。

在此事件之前，日本也曾發生砒霜牛奶中毒事件（一九五五年）、米糠油中毒事件（一九六八年）、藥劑愛滋事件（一九八〇年），以及移植感染克雅二氏事件（一九九六年）等類似的事件。

如果農林水產省的人有將過去失敗事例的發生流程劇本放在心上，那麼也許可以在事情發生前，即可採取最適當的策略，也就不會讓事件擴大引發混亂，更不會遭受民眾大肆抨擊、批判了。

換句話說，**事先擁有多個完成度高的劇本，當「萬一」發生的時候就派得上用場了**。

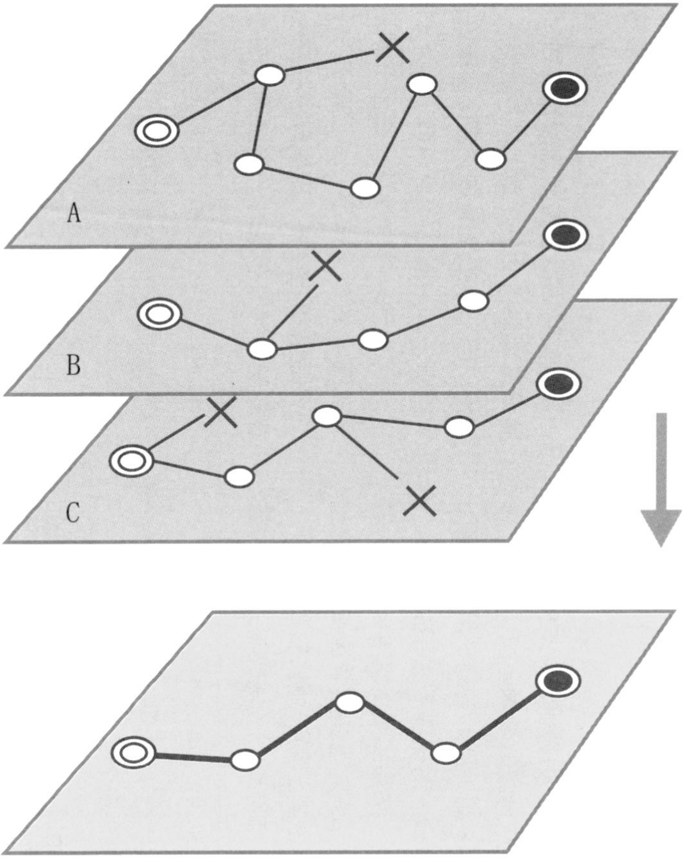

圖 53　尋找相同的劇本

從失敗到創造

製作創意筆記本①第一頁和第二頁

訓練自己，提高自我的創造力和想像力，在「創意筆記本」上，寫下想到的構想吧！

讓我來介紹一個個人平常提高自我的創造力和想像力的小撇步！就是做一本「創意筆記本」。找一本筆記本或是A4大小的紙，想寫什麼都可以，不管是工作上的事，亦或是私人的事。

首先在第一頁，頁首右上方記入當天日期，寫下浮現在腦海的念頭（投影在思考平面上的創意種子），不需有條理、有規則，想到什麼就寫什麼。同時，也將想法的動機和背景記錄下來，再進一步描述內容。

在這裡的重點是，請務必標上標題，並用淺顯易懂的方式敘述，以備之後再看到時還能正確回想。而這個標上標題的動作，將把那些分散的概念統整，成為更上一層的概念。

其次是第二頁，同前篇所敘「在思考平面上的創造性思考」使用同樣方式，將已寫下的創造種子整理並使其有脈絡條理。

一開始雖然模糊不清，但是漸漸可以看出自己想要做的事情或大略方向，其中具體的課題或是問題點，甚至於達成目的所需要的知識及助力等，也會漸漸地浮現出來。

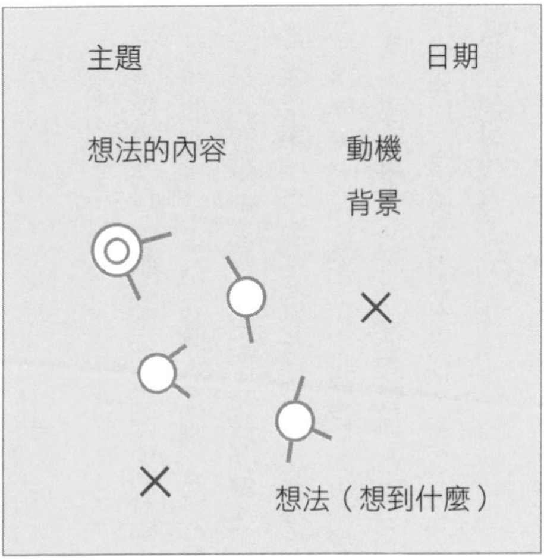

(a) 在紙上寫下零散的想法

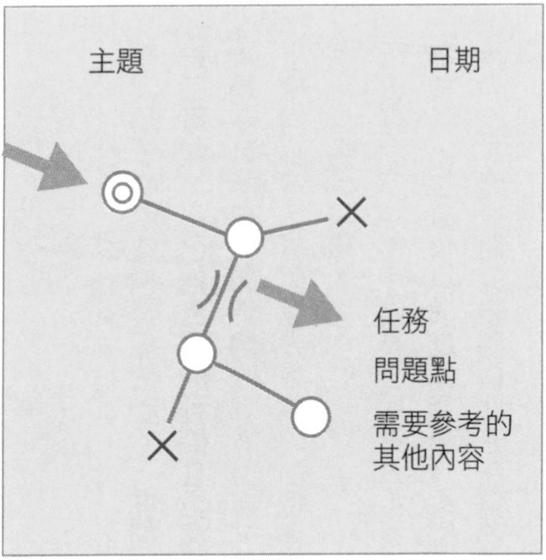

(b) 接上脈絡

圖 54　製作創意筆記本——第一頁及第二頁

製作創意筆記本② 第三頁和第四頁

創意筆記本，不只可以累積創造種子，也可以訓練創造思考。

接著是第三頁，將原本抽象的概念具體化後，一一解決問題。這正是計畫、企劃、設計等等，可以說是和從事創造類的工作一樣的做法。

最後是第四頁，在假想演練中，會進行思考演算來發展思考。比如：假設題目的主題是自己的事業，那麼研發的產品應該賣到哪裡去？如何提供給客戶？是否要申請專利？事業上的合作夥伴又該如何尋找等等。

但是，請注意：**在思考當下的心態必須是正面且積極的**。

常常會遇見有人出現「這樣的東西，肯定有其他人已經企劃了吧」或是「在某處已經將其製成商品了吧」這類消極的心態。**在開始之前就先說不可能，自己把自己的可能性推翻了，這樣的人是不可能成就創造的**。就算是有其他人先開始了相同事情，但因個人累積的創造種子不同，所以兩者毫無相關。

請不要忘記：創意筆記本，不只可以累積創造種子，也是可以成就創造思考的訓練。不要自我否定，將負面的限制條件套在自己身上，而是應該自由地組合自己的發想，成就自我創意。

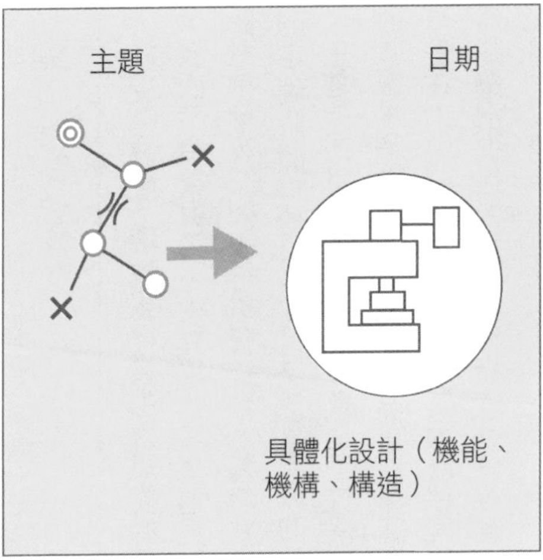

(c) 將想法具體化，
一一解決出現的問題

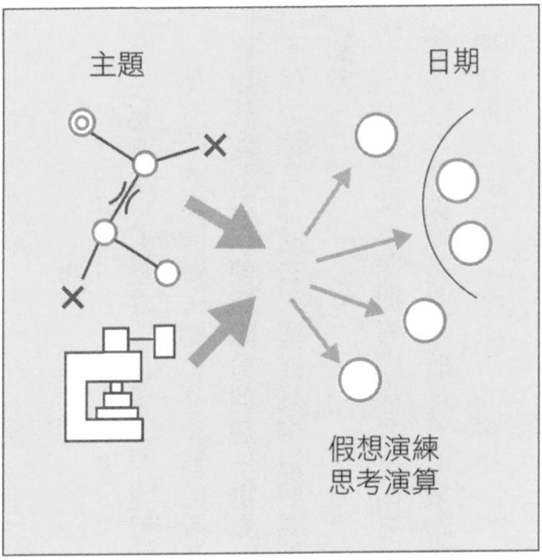

(d) 考慮如何發展

圖 55　製作創意筆記本——第三頁及第四頁

不是附加設計而是做出全方位設計

便宜的「附加設計」會擴大風險及增加浪費。捨棄那些零碎的東西，採取「全方位設計」才能避免失敗。

二〇〇二年，瑞穗銀行發生大規模的系統故障，發表了由於與第一勸業銀行、富士銀行、日本興業銀行等三間銀行經營統合，雖然其後有兩年的準備時間，然而因各自皆有獨立的資訊系統，在連結三個獨立的系統時發生了無法順利連結的狀況是為原因。這事件，用簡單的比喻來說，就像是在山中有個溫泉民宿，為因應住客增加而在原建築上進行擴建，導致構造過於複雜，發生火災等的災害風險越來越高。在設計用語中，把這樣為求方便的處置稱作「附加設計」，並指出其是有缺失的。

原本，對於新增要求的機能或新的限制條件，應該要邊講求安全性，從零開始整理組織進行「全方位的設計」，製作完全新的設計。為此，**應該將留下可以使用部分的想法拋棄，暫且先毫不保留地全都捨去，再從其中拾取真正會用到的部分**。

這樣做就會明顯看出那些自己覺得無法捨去的部分，其實都是些零散且不值錢的東西。而在那樣零散的基底上加上新的東西，也只會變成更奇怪的，等於輸在起跑線。事實上，拋棄那些零零散散，才能快速地製作新的，也才能預防失敗或事故。

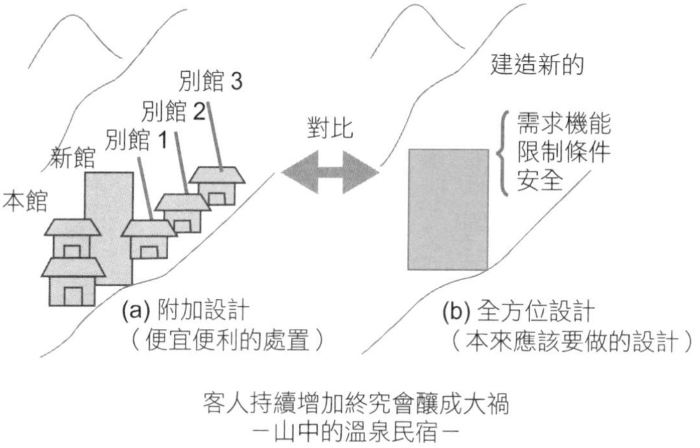

圖 56　附加設計及全方位設計的例子

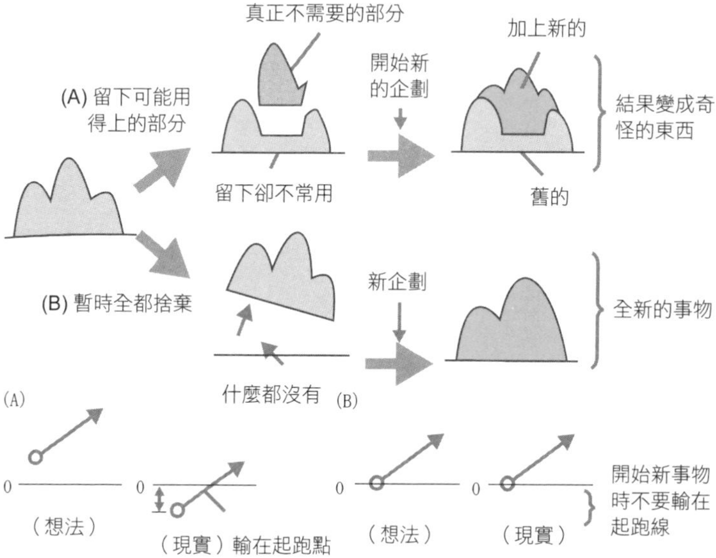

圖 57　暫時全部捨去的重要性

思考發展圖的製作方法①
如何具體化「要求」

這過程中，依照「要求機能＝企劃主題」、「機能＝任務」、「機能要素＝任務要素」、「機構要素＝具體的解決方式」、「構造＝具體案子」、「全體構造＝全面計畫」的順序進行。

在創造設計時，「思考發展」的過程是按照「要求機能→機能構成→機能要素→機構要素→構造要素→全體構造」的順序進行。

但並不是完全依照上述的順序進行，有時可能會跳過某些階段，又或是前進一步又退後一、兩步，然後突然統整為整體（圖58）。整理成淺顯易懂的就是思考發展圖（圖59）。

這樣的過程並不只限定於設計，也可通用於一般企劃活動等。這時，「要求機能」可替換成「企劃主題」，「機能」替換為「任務」，最後「機能要素」替換成「任務要素」。

然後對應的「機構要素」是為了解決任務的「具體的解決方法」，「構造」為「具體案子」，再來「全體構造」就是「全面計畫」。換句話說，首先分析「要求機能＝企劃主題」，「機能＝任務」則會自動浮現。明確地分解機能（任務）所需要的「機能要素＝任務要素」。在「機能要素＝任務要素」之中選擇一個並確定（實像），賦予其許多具體的屬性，再以「機構要素＝具體的解決方式」為基礎展開，決定並推進（綜合）「構造＝具體案子」，最終以「全體構造＝全面計畫」為目標前進。

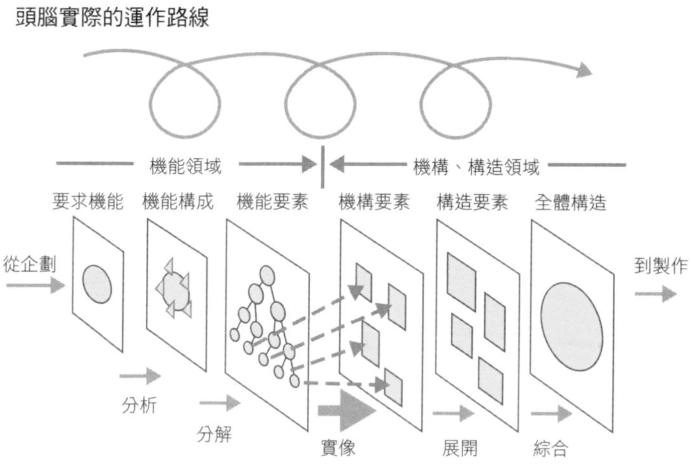

圖 58　創造設計時的思考發展

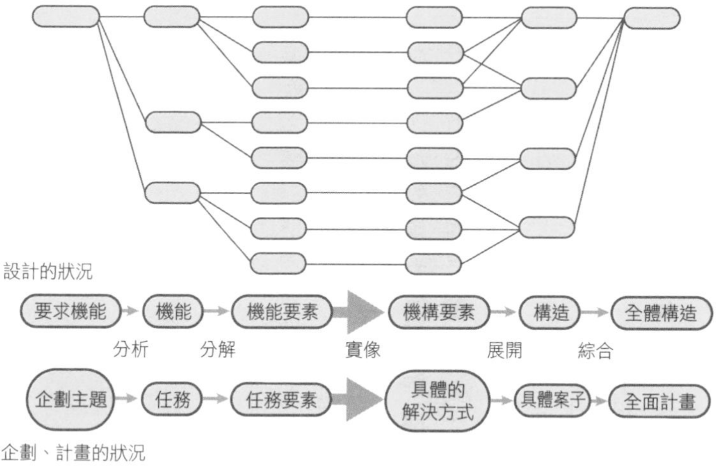

圖 59　思考發展圖

思考發展圖的製作方法②

構思「思考發展圖」

在製作思考發展圖時，人的頭腦中是依照下列順序：機能（主題）↓機構（主題要素）↓構造（具體案子），以螺旋方式進行。

前篇提到，創造式的思考並不是井然有序地按照順序行進的，而是時而跳躍時而前進時而退後，就像是「之」字型的思考順序，以圖表示的話就像是圖60（a）。

人很少是完全按照順序思考的，通常會突然從左邊的機能（主題）跳要右邊的構造（具體案子），從右邊的構造（具體案子）再突然跳到下層的機能要素（主題要素）。試著將這樣的順序用線連接起，則可以發現是一邊左右行、一邊往下走，就像是閃電一樣。

另外，將正在製作思考發展圖時的腦袋運作以圖表示，則會像是圖60（b）一樣，設定任務之後，機能（主題）、機構（主題要素）、構造（具體案子）這樣螺旋式的前進，然後漸趨詳細化、具體化。

順帶一提，**在製作思考發展圖時，要求機能，也就是「企劃主題」的設定最為重要。必須依照社會需求設定恰當的內容**。

如此一來，雖說是執行思考發展來完成思考發展圖，事實上就是在製作思考發展圖的過程中，就已經在發展思考了。**一邊看著自己頭腦內的想法種子，一邊整理自己的想法，這樣的過程就是思考發展圖**。

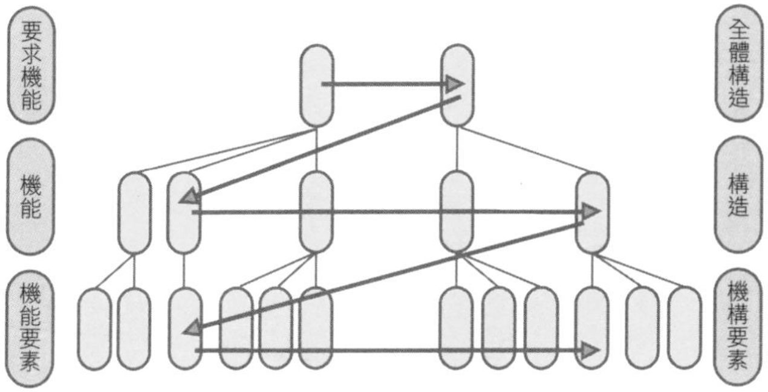

(a) 思考的之字運動

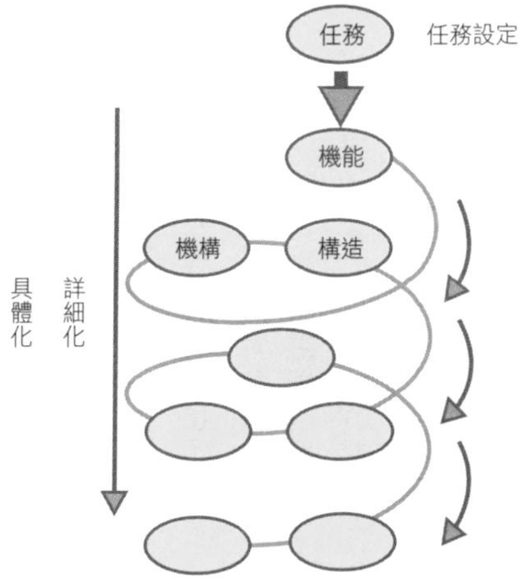

(b) 螺旋狀般的前進路線，機能－機構－構造的詳細化、具體化

圖 60　詳細化及具體化思考的之字運動

思考發展圖的活用法①
探討三星發展躍進的原因

在進行正向工程中，發現到若是限制條件不同，則應該和日本產製品的機構要素朝不同的方向發展。這就是三星能夠躍升國際的最大原因。

現今世界上數一數二的韓國企業——三星電子，該公司為了告別追著日本的腳步轉，在一九八七年左右建立企業策略，成功一躍成為國際大企業。這策略在一九九七年韓國的金融危機後奏效，一口氣成長。我試著分析三星電子基本策略的思考發展圖。

三星為了追上日本，分析了日本的產品，並詳細檢討其內容。從中得到的知識相當於圖61的右上虛線。三星在那時暫時性地由右向左走（逆向工程），然後折回再度向右邊前進（正向工程），發現到若是限制條件不同，則應該和日本產品的機構要素朝不同的方向發展。**「世界各地的市場皆不同，所需的機構要素也不同，而滿足其的限制條件應該也是不同」**，然後該公司依照地緣政治學，製作商品企劃（圖62）。目標地區是發展顯著的新興國市場。「不需要向日本製品一樣具備所有最尖端的機能，依照地區販賣所需機能的產品就行了」，如此考慮並實行人才教育，讓員工在該地生活，企劃符合該國家需求機能的產品，然後以壓倒性的低價賣出。

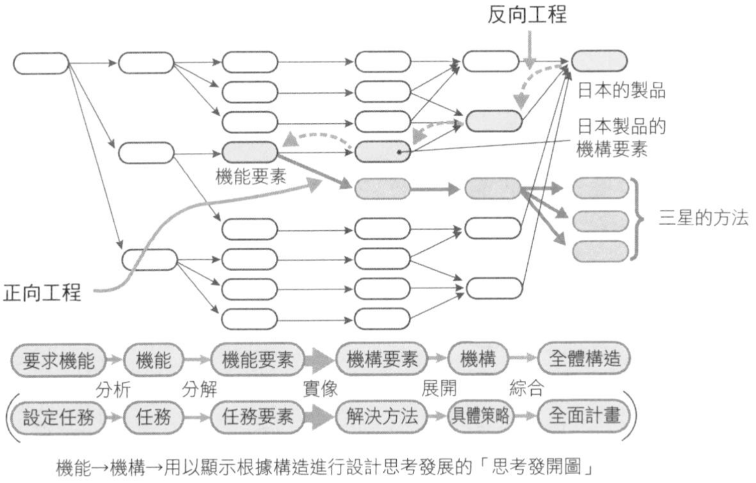

機能→機構→用以顯示根據構造進行設計思考發展的「思考發開圖」

圖 61　三星的基本策略

－使用思考發展圖就能瞭解全部－

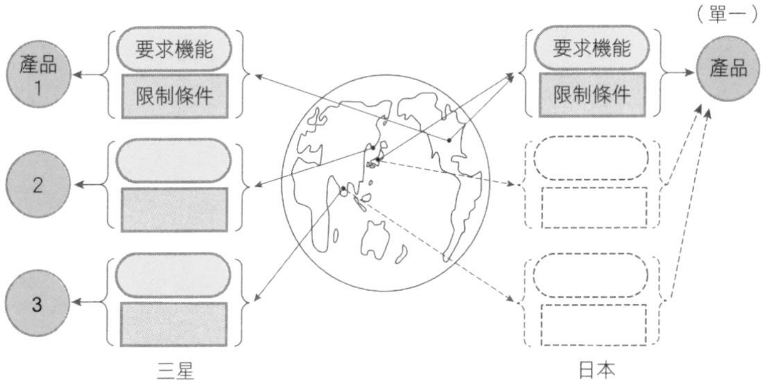

圖 62　三星依照地緣政治理論的商品企劃

思考發展圖的活用法②
活用「移動相撲場地繩子[註]」的概念

探討社會需求的本質，並試試換個方向，或從對手的產品中思考什麼才是本質上新的東西？

三星依據不同地域的需求，製作產品的基本構成（平台化），在依照各個地域的狀況，製作當地最有效率、擁有當地人最依賴的功能和符合當地需求的產品，進而成長。

換句話說，就是**只改變並改良需求機能下的機能，在同一平面上創造出別的設計解析，也就是「移動相撲場地繩子」的概念**。如同圖63所示，思考發展圖的一部分，縱向或橫向的移動，用多出來的部分來分勝負。（a）是「縱向移動」，將對手產品的需求機能向下層移動，在原本的設定加入別的機能。相對地，（b）是「橫向移動」，掌握要對抗的產品需求機能為一個手段，並設定為其上層的需求機能，在其下層加入其他的機能。

如此，將其他公司當成基準點，探討並瞭解社會的需求本質，換個方向看看。或對對手公司的產品做發想分析，思考「什麼才是本質上新的東西」，重點是重新審視自家公司的產品，那麼將能夠挖掘出社會潛在的需求。日本的眾多電子製造公司，自傲於自己公司擁有世界最高水準的技術，鬆懈而沒有做那些努力，反而給了三星超越他們的機會。

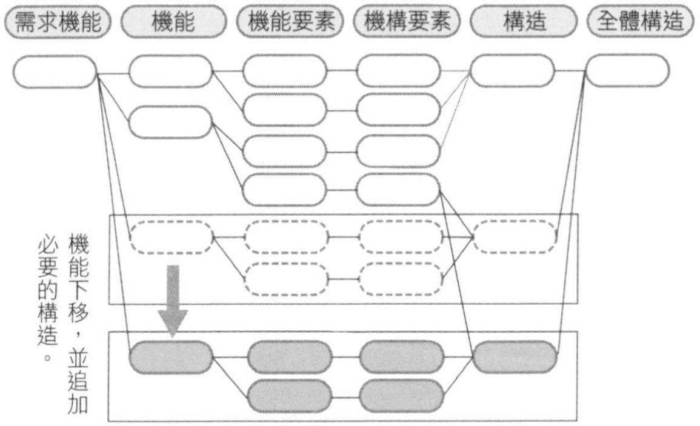

(a) 縱向移動

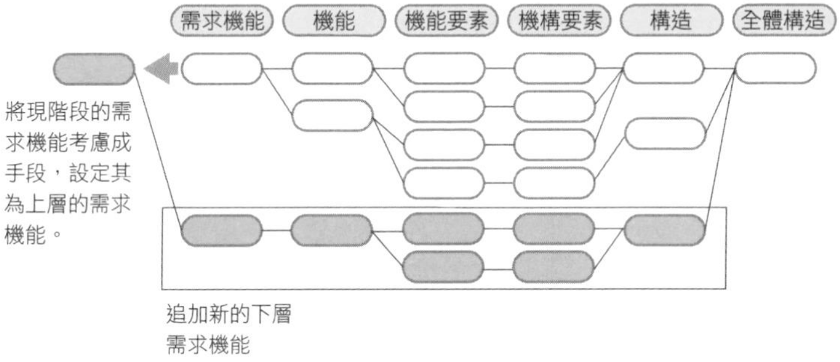

(b) 橫向移動

圖 63　移動相撲場地繩子的做法

註 1 移動相撲場地繩子（原文：土俵ずらし）在日本相撲界有一條規則是：當自己快要被對方推出界時，可以抓起地上的界限繩子，使自己能保持在場內。可引申為條件，本文指在本質相同的情況下，可以增減上下左右移動其內容或條件，以發展出新的產品。

從失敗到創造

思考發展圖的活用法③ 跳脫

比如說，從「擁有」平面跳脫到「利用」的平面，以得到新商品開發的啟發。

要挖掘出新的需求，又或是潛在的需求，有時是有必要轉換一下視野的。前項說到的「移動相撲場地繩子」，也是其中的方法之一，同時也有跳脫到別的平面的方法。舉例來說，停車場業者開始的車子共享系統，都市或觀光地的小客車共享系統，學校等社會自發的愛心傘共享等等，從前理所當然認為是擁有著的東西，或是一種象徵社會地位的東西，而這些案例開啟新的服務觀點。

假如說是車子共享的狀況，所有限制條件中之一的「初期購入費或管理費」，或停車場的費用由業者負擔，利用服務者不需要負擔。此外，事物的使用效率提高，因為過度生產、不必要的東西、沒有使用卻占空間的東西，這些原本「擁有物品」會產生的限制條件將消失，社會將會越發有效性。

這樣的效果，是在「擁有」這個角度上絕對看不到的，得跳脫到「利用」這個平面上才能理解。針對「下一代（創新）」的商品開發提示，就如上述例子。

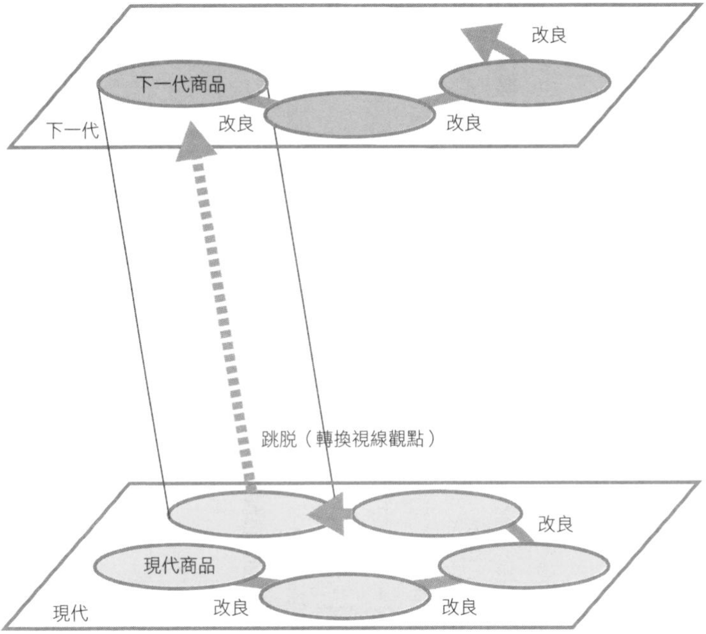

圖 64　轉換觀點，由「現代」跳脫到「下一代」

實踐：從豐田 PRIUS 學到什麼？

事先調查出消費者認為必要的機能，全公司上下全力開發的 PRIUS，確立了豐田汽車在社會形象優良的象徵地位。

豐田 PRIUS 屬於動力混合車輛，為日本環保汽車的先驅，在一九九七年開始量產。

原本 PRIUS 的開發，是因為一九九三年的「G21 project」（以「21世紀的車子」為主題的計畫）而開始的。當時最大的目標是節省耗油，初估可以省下兩到三成的耗油量，但由於考量到這樣不夠吸引人而將目標提高到五成。同時針對基礎技術的開發及生產也全都在公司內部進行。有關電池的部分則和松下電器共同設立公司。因為擔憂只依靠公司外部的話，技術上會發生無法掌握的部分。然後**仔細調查出可能會需要的技術，將其一點一滴專利化，整理自家公司的體制，將最為重要的技術保留在公司內以便自由使用**。

在這樣的情況下開發出的 PRIUS 第一代汽車要價二一五萬日圓，其後據說平均一台跌了將近數十萬日圓以上。但是豐田汽車堅持以原計畫出售，並且在戰略上成功地贏得了環保的形象。隨後 PRIUS 以「嶄新的外形設計」加上「高度關心環境問題」這樣形象的車子，成為了一種在社會上的身分象徵。這是豐田汽車利用自家公司經年累積的技術而得到的勝利。

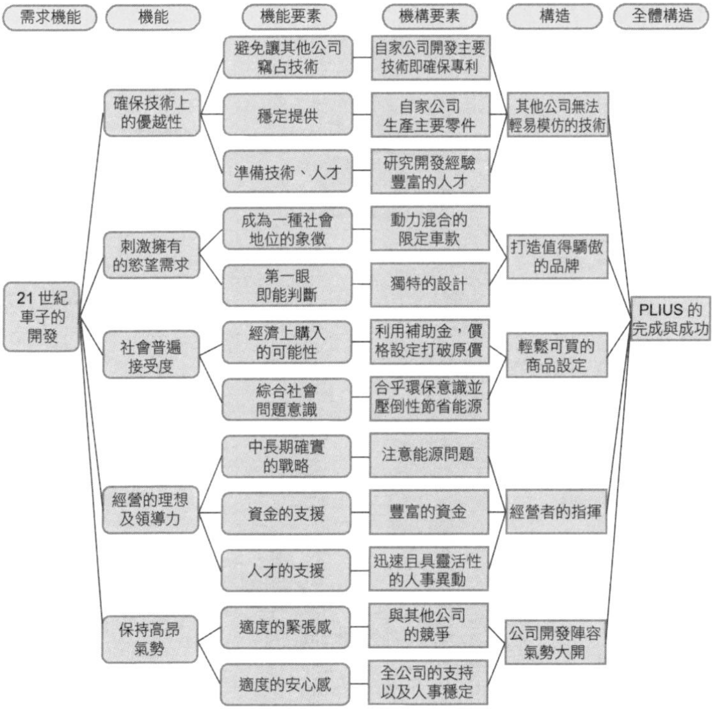

圖65　開發PRIUS的思考發展圖

注意！潛藏在創造中的兩個危機

「缺乏對腳踏實地的敬意」以及「技術者的傲慢」，將會導致很大的失敗。

有創造力，才能成就個人或組織的成長。但不要忘記其中隱藏了兩項危機。其一為「缺乏對腳踏實地的敬意」。工作，是建立在每天腳踏實地努力的基礎上。日常的作業都沒有好好做到，更別說要產生「創意」，第一步，應該要將對努力的尊敬銘記在心。其二為「技術者的傲慢」，一旦開始工作，心中會產生驕傲，時間一久會變成傲慢，相對於前者，一開始小心謹慎的比例將會變小，同時也會提升失敗率，當某日超過臨界點時將會招致非常大的失敗（圖66）。

世界上的大橋是有著「（某種構造的）橋崩落要花三十年」的週期性（圖67）。依照某種構造建設的橋梁一旦崩壞，就設計新構造的橋，而這新構造的橋崩塌後再往完全不同的新構造挑戰設計，建設更大的橋。然而，設計者沒有注意到隨著將橋巨大化的同時，危險的要素也偷偷潛入其中，過度依賴成功設計的指標設計橋樑。另外，**這個社會對於成功者的讚賞也助長了技術者的傲慢，忘記應該要像過去的失敗經驗學習，結果引發事故**。在這層意義上，技術者應該要謙虛地向以往的失敗學習才是。

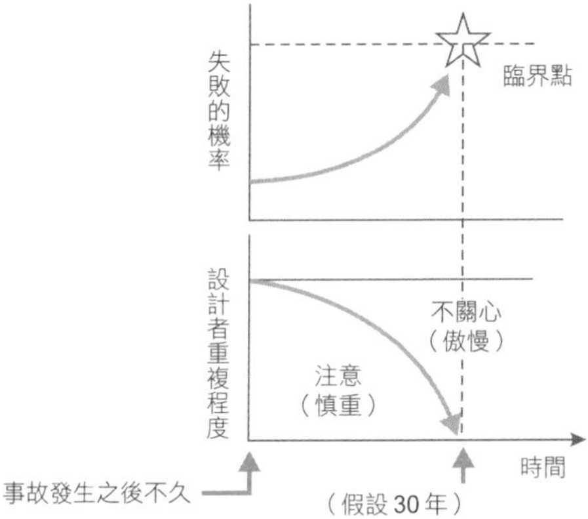

圖 66　隨時間經過，失敗的機率（可能性）增加

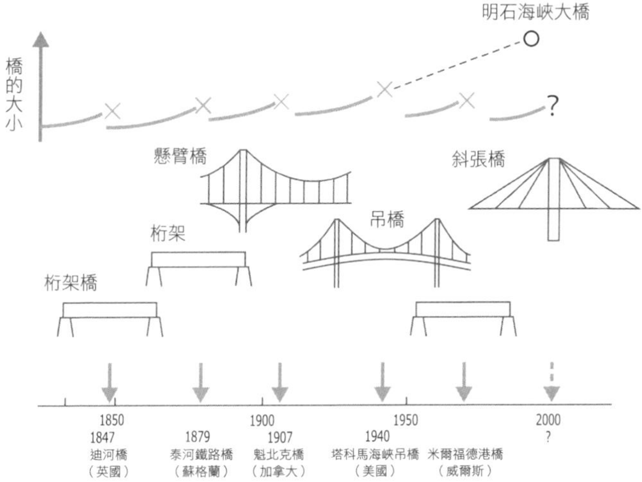

圖 67　重複著每三十年就崩壞的巨大橋梁們

（基於亨利 · 佩特羅斯基所著《橋為何崩落》，筆者畑村製作的圖）

預防失敗的事物透視①
充分準備必要的觀點角度

看事情的方法和透過什麼來看有很大的關係。因此，想要正確看透，就需要足夠的觀點角度才行。

看事情，也就是在腦中製成實際上存在的對象和現象的映像。從側邊看起來，就像是實際存在的事物經過某種通路（濾鏡）到達腦內，變幻姿態然後定型（圖68）。這個通路（濾鏡），舉例來說像是望遠鏡或放大鏡、細長型的濾鏡，在相機和螢幕上模擬。但是要注意的是，每個人認知的影像（內容），和將其捕捉的濾鏡有很大的關係。

比如說，某項東西通過了紅色的濾鏡，看到的人就會說「那是紅的」；經過藍色的濾鏡而看到的人則會主張「那是藍的」。因為濾鏡不同，而顯現出的東西也會有很大的差異。

換言之，**不應該只經過少數的濾鏡看事情或只經由偏頗要素的濾鏡來看，這會造成囫圇吞棗、以偏概全**。想要看清事情的真正面目，必須一邊將多餘的濾鏡排除，並且通過種類充分且複數的濾鏡來觀看事情（圖69）。

這個濾鏡也就是「觀點角度」。即是指，要分辨真正的事物，避免失敗，則自身必須要持有複數且足夠的觀點角度。

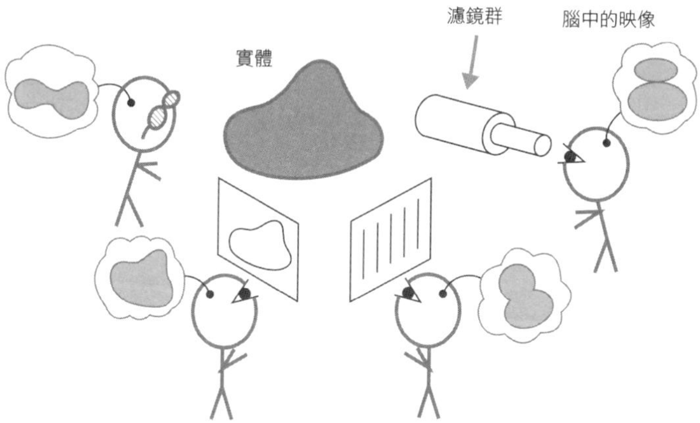

圖 68　什麼是瞭解某物／知曉是怎麼一回事？

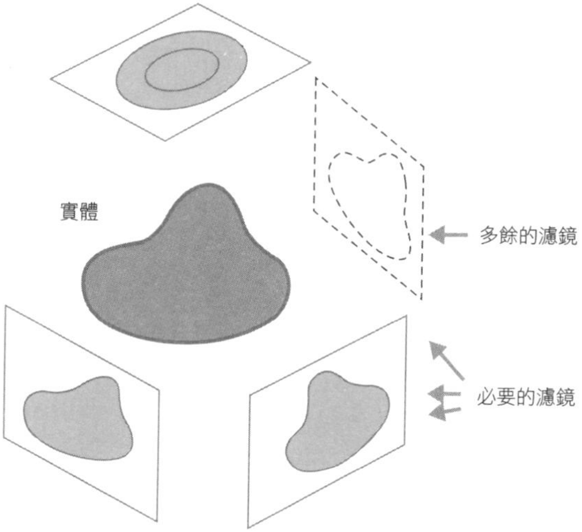

圖 69　足夠且必要的濾鏡群

預防失敗的事物透視② 從內側觀看

調查「三現」，也就是「現場、現有物、現場參與者」，分析事態和事物是遵循著怎麼樣的定律？也就是從內側觀看。

在前一個項目中，我們探討了由外側看事物及現象的方法。但是從外側看事情，縱使懷有客觀的觀點，但再怎麼謹慎，也必定會有所遺漏。為了預防那樣的事態發生，就要轉換角度，由事情的內側來看即可（圖70）。

假設，對象的東西或事態是球體的，深入其內部，從其中心點來觀看球體。像這樣由球體外側轉換到球體內部，在數學上叫做：「F（z）＝1／z的映像」。其中，星象儀上有著星座等天體觀測資訊，就是利用這個概念。從事物的外側來觀看的方式，要隨著自己站的位置不同，同時調整自己觀看的角度方向，而這其中必定會有所遺漏；反之，**若深入內部，不需改變自己站的位置，只要更改觀看的方向即可捕捉到事情全部的面貌**。

然而，在現實社會中的事物或事態並不如同球體般的存在。因此**利用詳細調查「現場、現有物、現場參與者」這三個現，來達到從內部觀看的目的**。

以調查出的結果為基礎，分析有怎樣的複數要素？哪個要素因為哪種理由，擁有怎樣的關聯性？是遵從怎樣的法則而行動等等。這就是從內側看事物或事態。

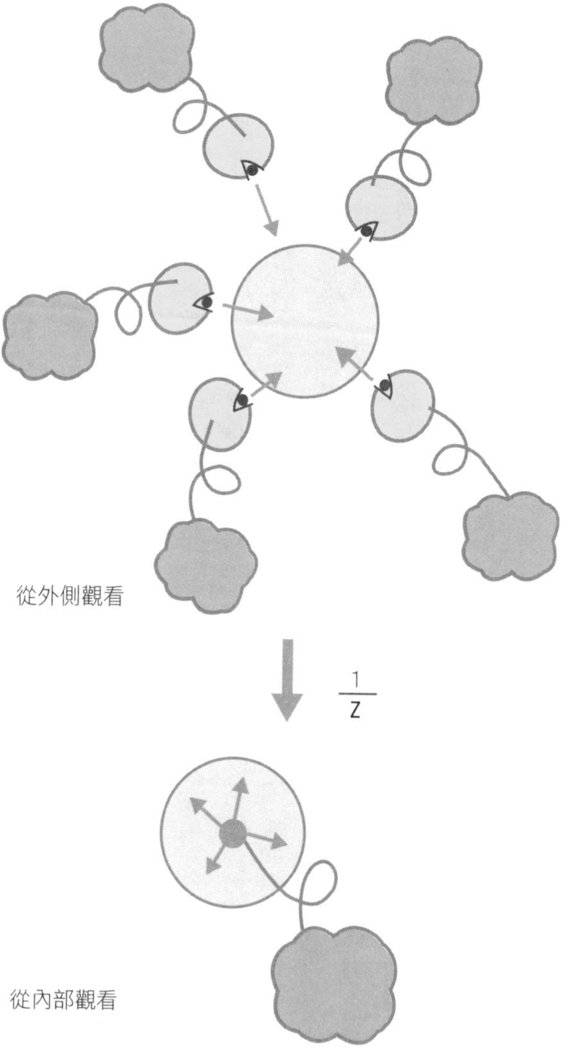

圖 70　F（z）=1／z 的映像

預防失敗的事物透視③
從企劃立案到評價

工作上的流程是：依照高階企劃者、高階設計者、中階設計者、初階設計者這樣的順序進行的，其中每個不同位置其所需要的觀點角度皆不同。

接著，我們來看看從企劃立案到評價一貫的流程。假如是設計的情況，從最高階層的「企劃立案」開始，「構想設計」、「各個單位的詳細設計」等，按照時間順序依序往下。最終進入「評價」的階段後，則開始「設計評審（Design Reviews）」、「試做評價」、「生產開始評估」、「設計決策的總體評估」，像這樣反而是由低階層向上作業。將這樣的順序以人替換，從最上位者擔任「高階企劃者」開始，「高階設計者」、「中階設計者」、「初階設計者」等向下的順序，並且各有其所需要的觀點角度。初階設計者，需要有機械學或材料學等觀點；高階設計者，則需要瞭解開發政策、預算、全體行程、設計人員的配置等等的觀點。

綜合這些能力能夠導向預防失敗並讓作業順利成功。這些能力當中，當然也有不經歷階層較低的位階就無法掌握的知識能力，但是沒有全都經歷的必要。**只要一邊接觸「現場、現有物、現場參與者」一邊深入思考，經過數年的實務經驗後，極有可能掌握高階設計者需要的基礎能力**。另外，身處高階的人，多數都屬於就算是領域有所改變也有足夠的應變能力能完成工作。因為高層級需要的能力是有超越範疇的共通性。

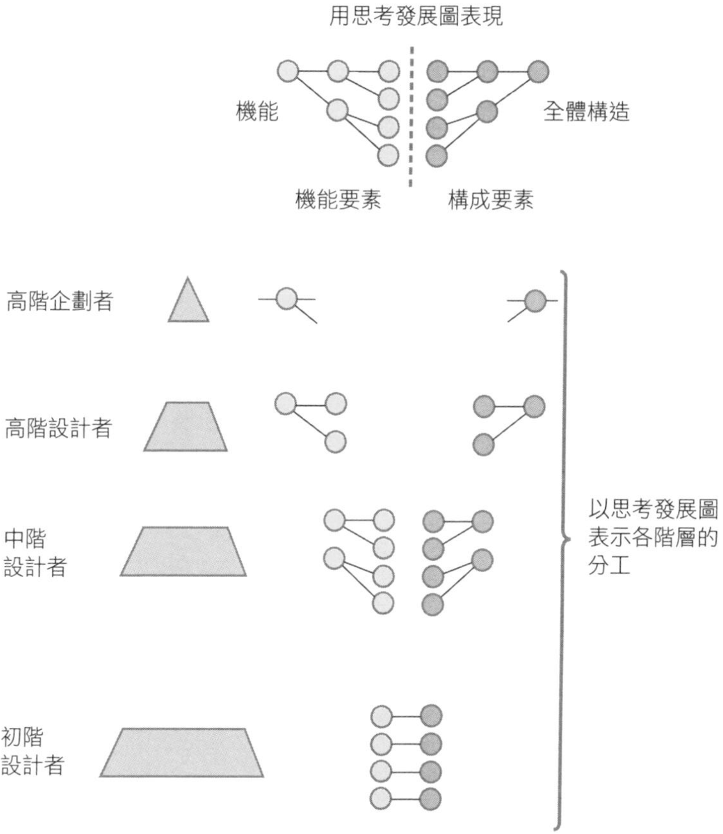

圖 71　設計的階層性以及其需要的觀點

觀看整體的觀點①
一定要有一人掌握全部狀況

如果總體評估是由兩個人或兩人以上來負責，必定會有所遺漏，進而導致事故或失敗發生。因此想要成功，必須要有一個可以掌握全部狀況的人。

越高層的人必須具備怎樣的觀點？那就是綜觀全體的觀點。多數人認為只要很多專家聚集在一起，那麼工作就可以順利進行，然而實際上卻不是那麼一回事。稱作專家的人，大部分都擁有「只用某個觀點看事情、判斷事情」的特質。雖然說看事情的方式是很縝密，但視野太過狹隘，往往無法看到事情的全體面貌。

請特別注意：最終評估全體狀況的作業，請讓一個人統合進行。想要讓某項計畫成功實行，是需要將全體細分為小部分並詳細評估，如果負責總體評估的人是由兩個人或以上來分擔，必定會有所遺漏，導致事故或失敗發生。

在這裡，需要有從最低限度觀點分析情報的能力，並進而瞭解全體狀況。當計畫規模越大時，更需要越多的情報資訊，但是要將這龐大的資訊完全吸收幾乎是不可能的。**需要能夠藉由必要的核心採樣情報就能夠看穿整體的能力**。這樣的能力可以說是野性的直覺，而有這樣能力的人，必定是扎實地經過自己的雙眼看、自己思考、下結論、行動，並自己評估結果。單單只有理論或是經驗值是不夠的。

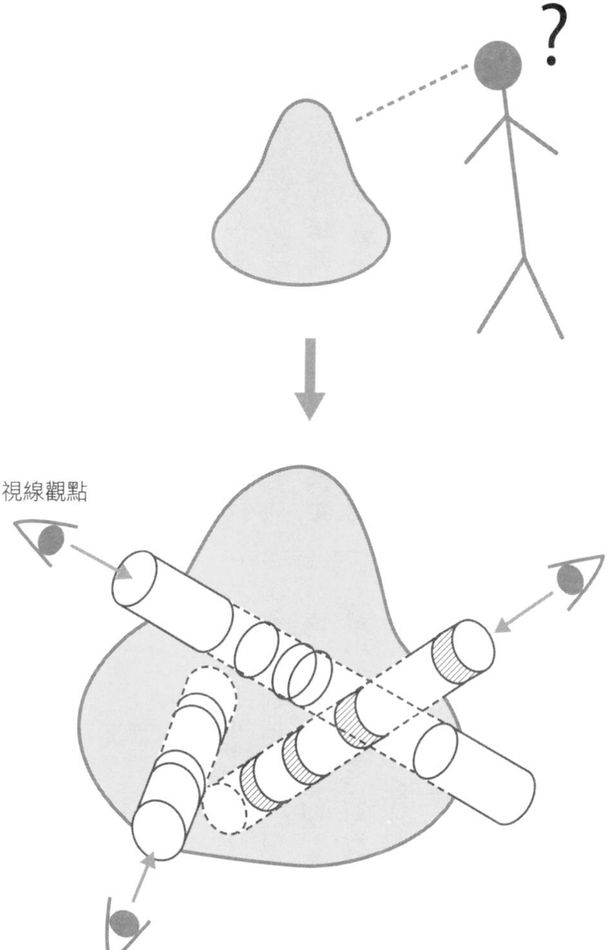

圖 72　腦中的核心採樣
（分析最低限度觀點得來的情報，進而瞭解整體狀況）

觀看整體的觀點②
利用曼陀羅圖掌握全局

所謂「從必要最低限度觀點得來的情報中，瞭解整體狀況」這項作業，就如同表現佛教世界而畫的曼陀羅圖。

為了能夠從最低限度觀點的情報中，讀取建立整體狀況，將必要的觀點意象化，就會成為彷佛是佛教世界的曼陀羅圖一樣的東西。**圖的中心，為最高主旨概念「看待事物」，在其外圈寫下構成的第一觀點的要素（構成要素），其次各個觀點要因的下一層要素（第二要素）**寫在第一層外圈，接著將**各個事態的具體觀點（第三要素）**寫在第二層要素的外側。

第一觀點的要素，只要寫上類似「人、物品、金錢、時間、氣」等等即可。這是屬於一般成立的要素，在漸漸向下寫後發現不合適時，再將其去除，並將必要的項目追加上即可。然後依照順序，像是放射狀般寫下去。當然，幾乎不可能一次就很順利地完成，總要一邊來來回回，才慢慢完成。比較有效率的方式是：在第一觀點的要素中選出重要的項目並將其排序，在那個順序後接著寫上第二以及之後的要素。

另外，這樣的操作不太可能只結束在第一圈，而是幾圈之後漸漸有成果。這時，若想要明確地標示從哪個觀點開始的，則可以同圖73一樣，利用箭頭表示即可。

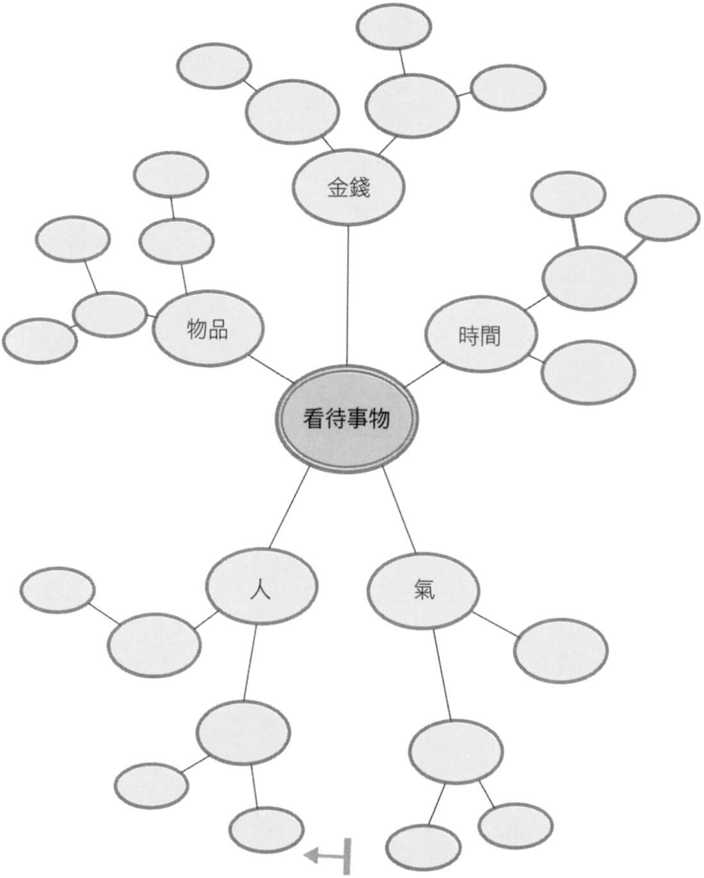

圖 73　視線觀點曼陀羅圖

※ 具體的例子請參考圖 76（第 139 頁）

觀看整體的觀點③ 理解現在的狀況

藉由以下行為：「指出構成要素」、「結構化」、「試動」、「檢驗蒐證」，踏出理解現狀的第一步。

話雖如此，從外側觀看事物並正確理解是非常困難的。單靠眺望是無法逼近本質。這時，我建議請務必執行以下作業。

首先是「指出構成要素」：假設那樣的現象是怎樣的要因形成。

接著，進行「構成要素的結構化」。將在「指出構成要素」步驟中指出的構成要素結合，合成一個單位的立體構造。

其次的操作是，將上階段完成的立體構造試著轉動看看，此為「試動」階段。當然，那個構造事實上是在腦中架構出來的，因此並非實際轉動或移動它，只是在假想中的作業。在最後的「檢驗蒐證」中，就能夠大約知道這樣的假設，實際上會有怎樣的結果（即是從外側注視時，實際的現象是如何）。

然後當那樣的動作，和自己從外面開始注視時的現象一致時，即理解開始。也就是說，當感覺到自己瞭解了眼睛看不到的內容，即可向下個階段踏出下一步。

另一方面，**當那動作和自己假想的結果不一致時，承認「不知道」，並且試試看往別的方向發展**。因為如果堅持自己的假設，不論如何努力都會沒辦法前進。

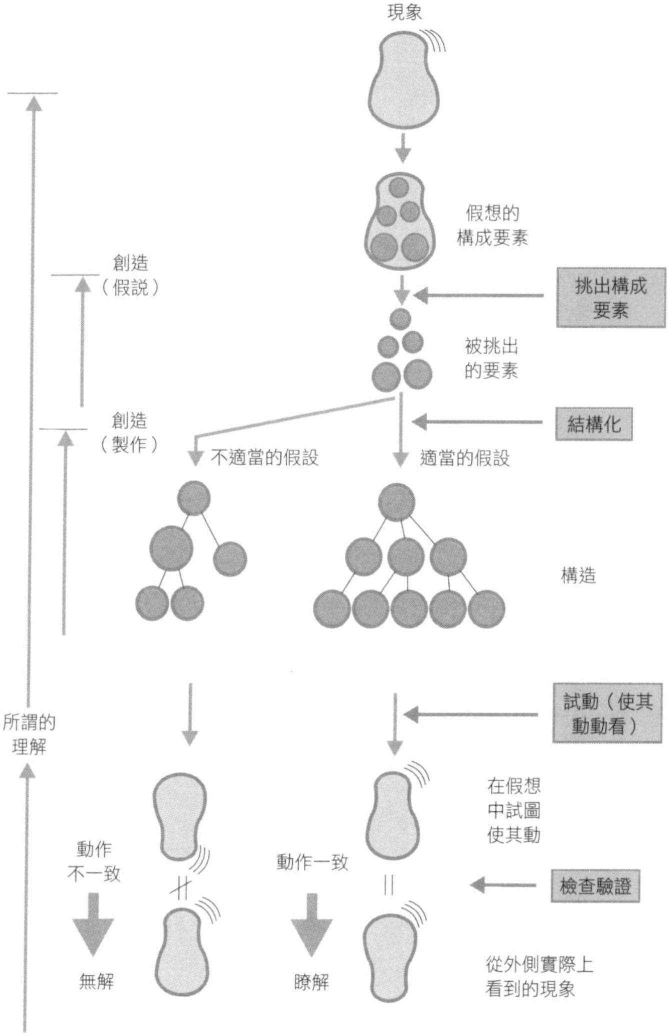
現象
假想的
構成要素
挑出構成
要素
被挑出
的要素
結構化
不適當的假設
適當的假設
構造
試動（使其
動動看）
在假想
中試圖
使其動
檢查驗證
從外側實際上
看到的現象
動作
不一致
無解
動作一致
瞭解
創造
（假說）
創造
（製作）
所謂的
理解

圖 74　理解現象

實踐：從有田燒學到什麼①
首先，瞭解歷史

有田燒的成功，是因為設法配合當時需求做設計、流通路線、生產工程等等，並且是共同成功下的典範。

在失敗科學中，「從歷史的成功事例中學習」是很重要的。在這裡讓我們來追溯一下日本的代表瓷器——「有田燒」的歷史。

日本有田燒，據說是始於十七世紀初朝鮮出身的陶工匠——李參平在有田開窯。當十七世紀中期，因明朝末期的混亂，導致中國的陶瓷工業衰退時，日本的瓷器開始在歐洲受到歡迎，據說價值可以和金子匹敵，當時在德國的邁森也開始了日本陶器的製造。在十八世紀時雖然出口量銳減，但量產技術進步，價錢也隨之下降，因此在日本國內普及化，也漸漸被一般百姓使用在日常生活中。

到了明治時代，出口再度旺盛，同時瓷器生產越趨近代化，其技術在現在依舊被使用在最先端的能源——電子材料上。

而我發現，擁有這樣長遠的歷史，並且其知識被運用在最先端技術上，就是有田燒的成功。其主要原因是在中國處於動亂期時，把握了向全世界發展的機會，並擁有豐富的材料以及生產瓷器所需的環境，并且在初期的階段就已經將最適當的技術研究完成。最後最重要的一點則是，因為有設法配合當時需求做設計、流通路線、生產工程等，是共同成功下的典範。

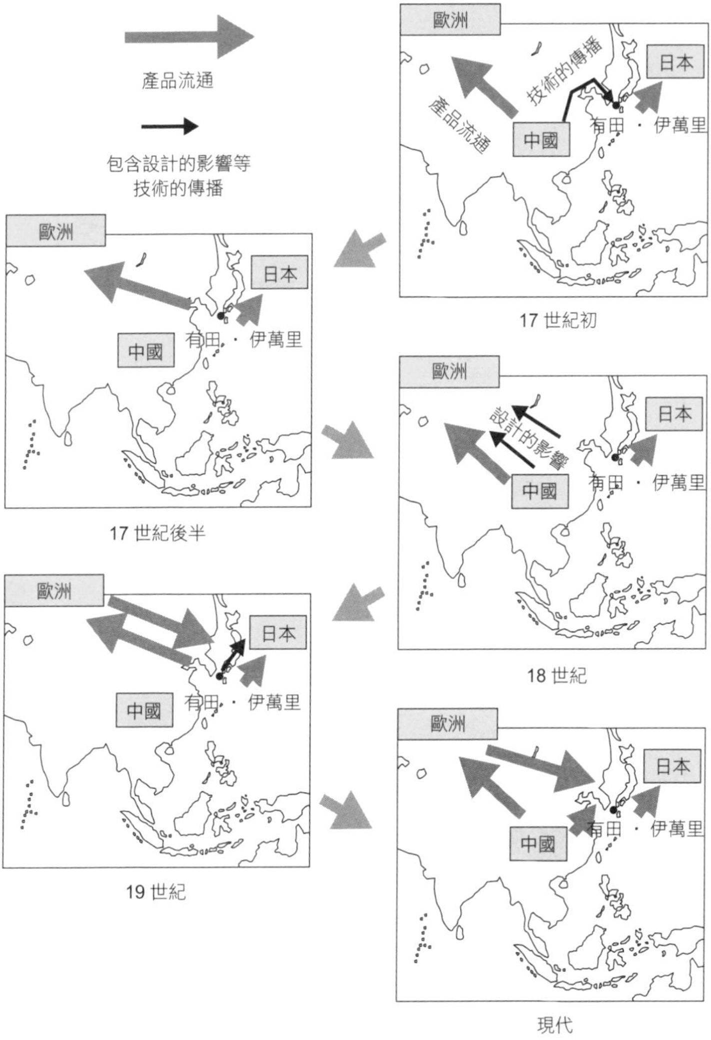

圖 75　陶瓷器以及其製造技術的流通

實踐：從有田燒學到什麼②

不同角度的學習

一個產業若是一成不變是無法持續回應社會需求的，必須時時檢視不同的觀點，不停地修正自身的未來目標。

將有田燒成功的因素，用曼陀羅圖（圖76）檢視。以「人」的部分為例，由李參平開始製造的有田燒，在十七世紀時，由酒井田柿右衛門初代完成了赤繪瓷器的技術，將其發展為藝術品。而那個樣式即為現在所稱的：「柿右衛門樣式」，在當時的歐洲大受歡迎，並以高價買賣。同時在印度、法國、英國等地皆相繼出現模仿熱潮。明治時期，有將陶器工業現代化的領導者——江副孫右衛門（日本特殊陶業初代社長），以及製造絕緣礙子等技術開拓了陶瓷業新方向的深川榮左衛門（香蘭社創始人）。因為上述兩位，陶瓷業的發展漸趨近代產業化。換句話說，有田燒擴展至日用品、藝術品、電子材料等多方發展，為了因應這樣的改變，事物的價值及金錢的投資方法，甚至生產工程也都漸漸改變了。

另外，由曼陀羅圖中可以發現：一種產業若是一成不變是無法持續回應社會的需求，在時代變遷的同時也會跟著改變樣貌，這才是自然的流程。**一邊將上述內容銘記在心，一邊育成產業，每逢遇到成長停止的階段時，利用多方位的觀點，修改未來目標是很重要的**。新的技術不可能憑空出現，必定是建立在過去的技術上，且從眾多因素染上色彩的曼陀羅圖中產生。

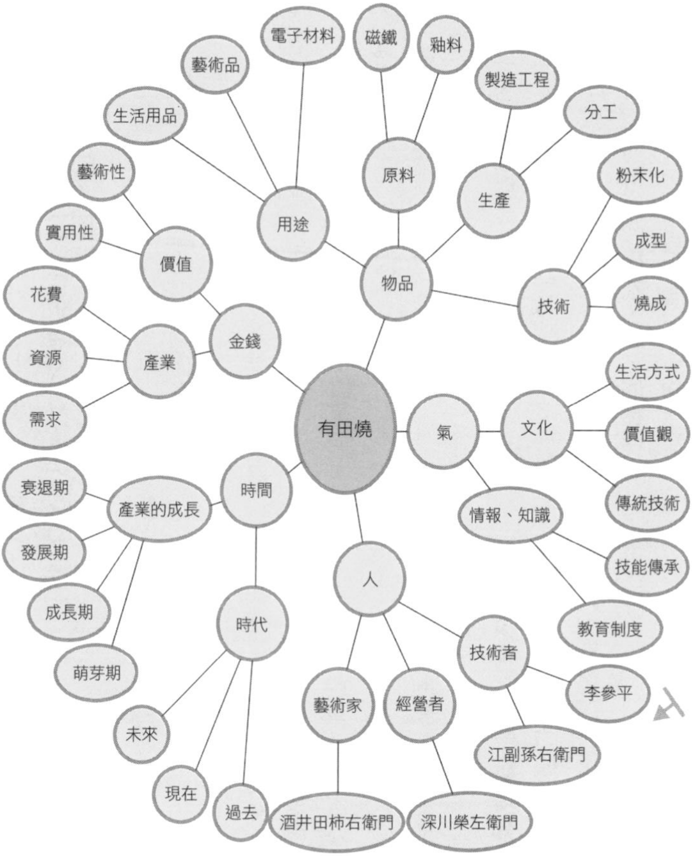

圖 76　有田燒的曼陀羅圖觀點

實踐：從有田燒學到什麼③
如何因應時代的變化

從多方不同的觀點來看有田燒，可以發現其如何因應時代變遷並生存下來。這樣的方式也可以應用在其他產業上。

辨別一件物品的價值時，關鍵就是要從多方不同的觀點來看。用上述方式查看有田燒，則會發現它是隨時代改變自身的用途以及價值基準而得以留傳下來。

十七世紀的有田燒，以輸出歐洲的美術品而繁榮。其後，十八世紀，中國的瓷器復活，出口量因此銳減，有田燒找到了「國內百姓民生用品」的這條出路。接著十九世紀，有田町因大火及颱風的破壞受到了嚴重的打擊，但因明治維新運動的殖產興業計畫[註]，而再度向國外發展，因器皿、裝飾品等新用途發展方向漸趨廣闊。然後到了二十世紀時，發揮其重量輕卻堅硬的特徵，轉而開發礙子、絕緣材料等新用途。

如同前述，有田燒重複著衰退後復活。這時，若是需求、資源、技術等等的基本要素中其一特殊化，則很有可能無法流傳到現在。**就是因為每種要素都沒斷絕，才能夠因應市場的變化**。另外，也可想成是比起一開始的技術完成，**有田燒更選擇了「根本」不變，維持其他要素間的變動平衡**。像這樣經由複數的觀點來觀察，將視線放遠到產業的過去、現在，便能夠預測未來。

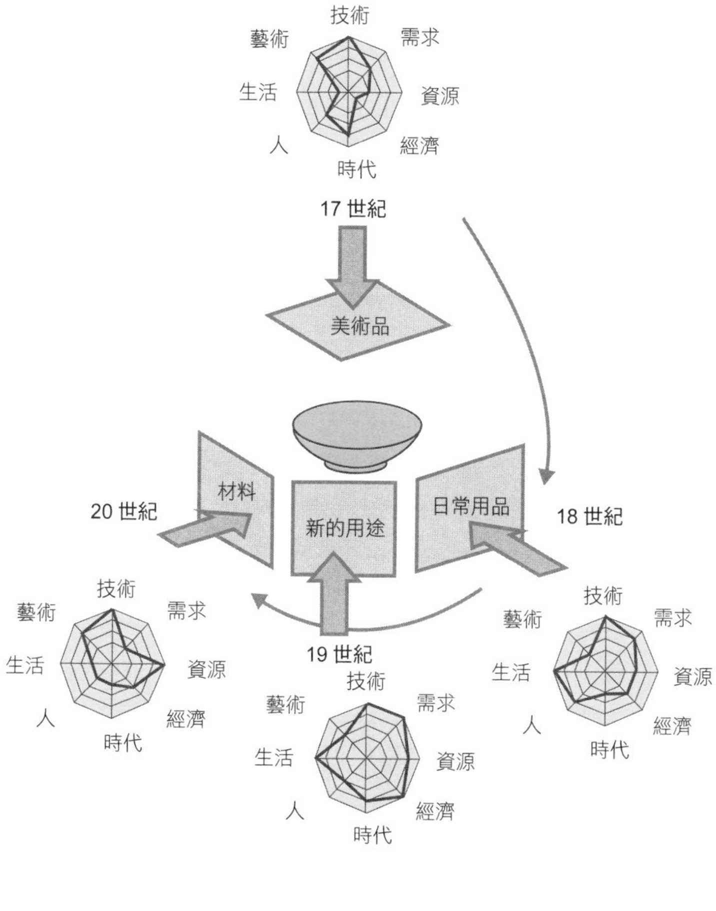

圖 77　從各種不同觀點看有田燒

註 2 明治政府為了與西方列強抗衡，就以促進產業及資本主義的發展，作為推動國家近代化的政策。殖產興業政策具體內容就是運用國家的力量，用國庫資金來加速資本過程，並以國營軍工企業為主導，以西方的模式大力扶植日本資本主義的成長。（參考維基百科）

Column 3　　失敗科學實踐錄③

以正確的情報將損害降到最小的小柴教授團隊

二〇〇二年，小柴昌俊獲得了諾貝爾物理學獎，因其在岐阜縣神岡礦山的地底深處，放置利用「神岡探測器」（巨大的水槽內部表面覆蓋無數個光電倍增管，用以捕捉高速微中子在水中通過時產生的契忍可夫輻射），成功地檢測出微中子的質量（一九八七年）。

神岡探測器其後在一九九六年由「超級神岡探測器」繼承，二〇〇一年時超級神岡探測器發生了數千個光電倍增管同時破損的事故。原因是一支光電倍增管爆炸，受到其衝擊引起「爆縮」現象。當時，小柴教授團隊的領導者戶塚洋二（已故）立即向外界發表，將利用未破損的光電倍增管繼續進行觀測。其後，持續更新事故的原因調查、破損的照片、對策委員會的議事紀錄、發派資料等等，迅速發布正確的情報。其結果，阻止了因事故而起的研究損失擴大，將損失控制在最小，研究得以繼續進行，在二〇〇六年將交換作業幾乎完成。戶塚洋二之所以可以迅速且果斷地做出決策，全歸功於不停地在腦中假想演練事故發生時的對策，確實實踐失敗科學。

Step

4

成為可以
活用失敗的領導者

【失敗科學應用篇】

不要害怕自己的影子，持續改變

害怕失敗的心態，正如同害怕因光圈現象而照映出的自己的影子。

人，是無論如何也會想要選擇學習成功體驗的，因為那是條無需擔心失敗，最安全的路線。然而，請切記實際上我們所在的環境是隨時在改變的，同時「限制條件」也隨之改變。換言之，**看似安全的道路隨時有可能改變為藏有危機的道路，堅持遵循已經過時的形式，等於讓自己陷入危險**。

從以前開始，人們就很害怕在登高山時，前方出現巨大怪獸般的影子這類的狀況，這叫做「光圈現象」。這其實是太陽光從後方照射出的自己的影子，看起來就像是怪獸的影子一樣。因為害怕失敗而不敢踏出新的一步，這正如同因光圈現象而照出自己的影子，卻害怕那長得像怪獸一樣的影子而不敢前進。

最近常常聽到有人講「中國與IT產業奪走自己的工作」，嚴格來說，就算用這樣的方式推卸責任，事情也不會有什麼改變。**若是利用政府的強制規定制度或是保護政策而得救，也只是一時的事**，總是會有下一個威脅在等待著。隨著經濟全球化的進展，變化越來越快，我們更應該追求不害怕自己的（怪獸）影子，跟隨著持續變化的態度生活。

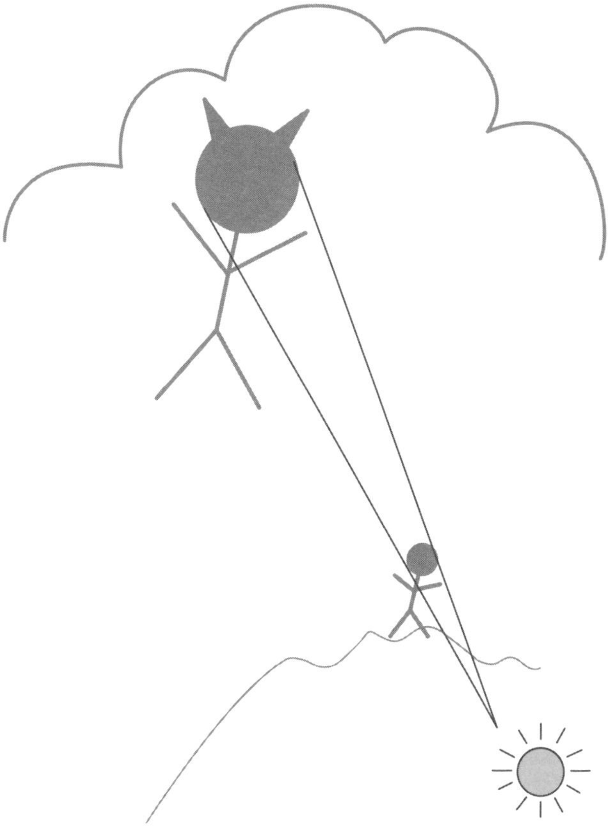

圖 78　害怕自己的影子

瞭解成功方程式

自己一個人也好，不斷地努力嘗試錯誤，找尋前進的路線——這才是通往成功的方程式。

當我擔任大學教授時，隱隱約約就感覺到日本的學會就像是歐美的經銷商一樣，將已經完成的東西，以「國內初公開」的方式，有種自己有做研究的錯覺，在同伴間互相讚賞並且就此滿足的學者未免太多。

那些並不是真正的學問，而且更不用說完全無法期待日本國內研究因此有所進步。

套用在商業也是一樣。全體一致地學習諸多國外的成功案例，就算是實際實行同樣的成功方式，對於現在已經成熟的日本市場來說，是無法如國外一般通用的。以目前社會持續改變的情勢來看，由於無法針對狀況採取因應對策，當發生無法預測的失敗時，仍舊無法應對，因此由失敗而引起的災害擴大案例不在少數。

當然，學習周圍的成功案例，並且全體目標一致地共同前進（也就是模仿），某種程度上是會有成果的。然而，**更應該知道在那樣的成果背後，有風險存在。比起盲目追尋，不如自己一個人不斷地努力嘗試錯誤**，一邊找前進的路線，這才是所謂通向大成功的方程式。

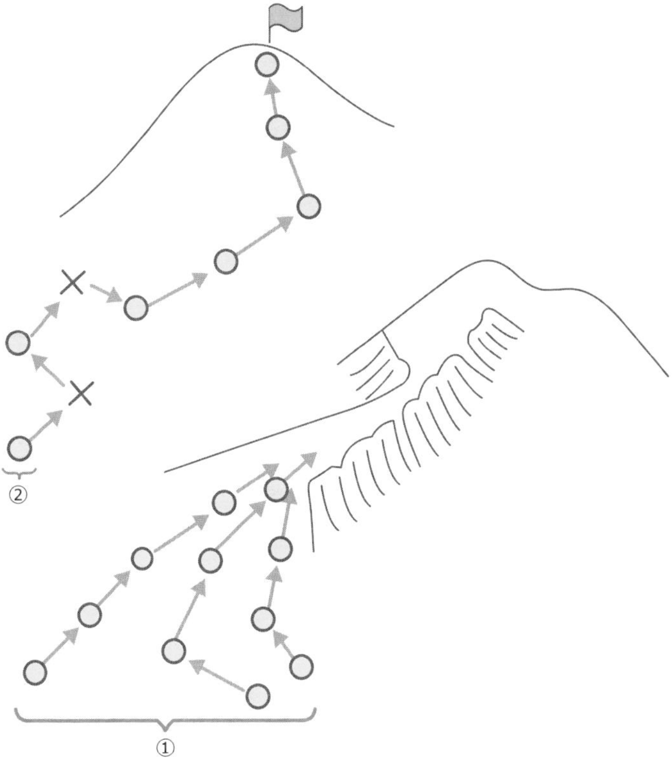

①大家一起行走的路看似安全、確實的路線——沒有察覺到危險
②自己一人在嘗試錯誤中尋找路線——通向成功的道路

圖 79　大家一起行走和自己一人尋找的路線

正牌領導者和冒牌領導者間的差異

冒牌領導者不會發現因為自己的錯誤判斷，讓全體走向錯誤的方向；正牌領導者會發揮自己所擁有的知識及應變能力處理突發事故。

我們生存在這個世界上所需要的真正知識，並不是那些為了考試而在學校學到的知識。**經由自身所體驗學習到的靈活知識才真正具有意義**。

上述那些知識大多數都是出了社會，在經過各種碰撞和歷練後學到的。一般而言，成為主管的人因為自己的實務經歷長，自負於「我已經實際體驗過很多事情了，也從失敗中學習很多」。其中大多數人卻是執著於自己過去的做法，對於自己犯了過失以致方向完全錯誤而毫無自覺，可謂之冒牌領導者，或稱為冒牌老將。要是在那樣的人底下工作，不用說肯定會被捲入其中，即使想要朝正確的方向前進，也可能會被妨礙。

另一方面，**正牌的領導者**，或可稱之真正的內行者，**則是不單單依賴自身經驗中所領悟出的知識，更對科學理論性的知識有求知慾**，在兩者間取得平衡。這類人能夠將和自己息息相關的事物用科學的角度分析且系統性的理解。因此即使面對從沒發生過的突發狀況，也能夠利用自身累積的知識以及應變能力應對。

在組織內部要挑選出一個真正的領導者有其困難度，但我們都應該做些努力成就自己，成為站在頂端的人。

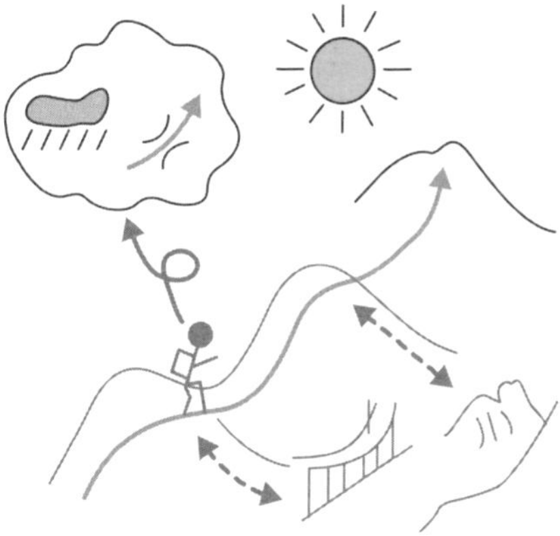

「正牌的領導者」

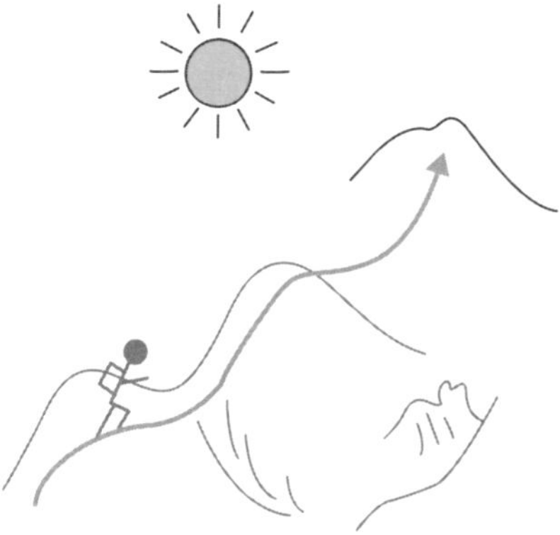

「冒牌的領導者」
（假冒領導者）

圖 80 領導者與假想演練

從沒有魚的池子邁向有魚的大湖的重要性

人的一生中，有時必定得離開自己的舒適圈，向更廣闊的世界前進。

我們都知道，在釣魚時與其在沒有什麼魚的池子放線，不如到有著很多魚的湖釣魚。**然而放眼這個現實社會，卻無法輕易做出像這樣理所當然的判斷**。我自己也是這樣的。

我身處大學職場，雖說在本身研究的狹窄領域內，沒有交出什麼偉大的成績，但在同為研究者的同事間得到認可，也就這麼持續做下去了。換句話說，完全沈浸於自己所待的舒適圈中。直到有一天，一位實際在公司附設研究室工作的前輩對我說了一句話：「在大學學到的東西，實際在職場上根本一點用處也沒有。對於學生來說，被迫做那些已經過時的研究，也只是種困擾！」

我對於他的話提出了反駁，「踏踏實實地做才是研究！」前輩接著說：「那都是藉口。其實你是害怕踏入新的領域吧？」

於是，我毅然決然捨棄了一直在做的鑄造及塑性加工的研究，投入了經由電子顯微鏡才看得到的「微奈米」的研究。結果，接到由企業發出的共同研究申請，並且接受了對方提供的資金，度過了充實的研究生活。因此，我認為**人的一生中，有時必定得離開自己的舒適圈，向更廣闊的世界前進**。

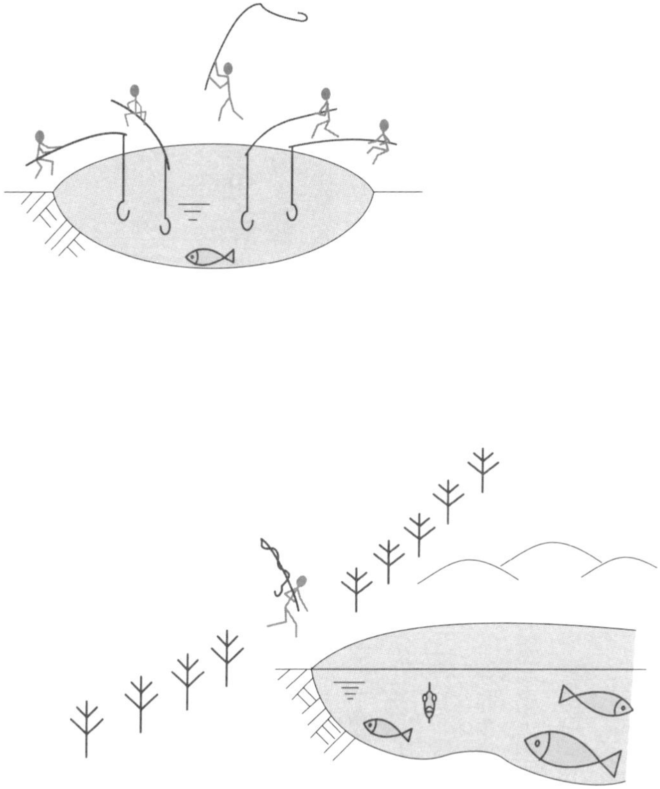

圖 81　從沒有魚的池子邁向很多魚的大湖吧！

面對新挑戰時，要記住「千三」的法則

賭博的成功率是「千分之三」，開發新事業的成功率是「千分之一」。因此，必須向失敗學習，努力提升成功率。

從我自身的經驗當中，在開始新的事情又或是向未知的領域挑戰時，百分之九十九點七的機率會失敗。也就是說，成功率是百分之零點三，僅僅千分之三而已，但那未必是推測的機率。事實上，日本自古就流傳著「千三」的話語，也就是「**在做某種賭博時，一千次裡只有三次會勝利**」，也就是說，賭博的成功率是百分之零點三。話雖如此，**若因為成功率低而膽怯閉上眼，秉持著不知道哪來的樂觀向前衝，也就毫無成功的可能性了。唯有一邊認識低成功率一邊努力，才是打開成功之路的竅門**。

那麼在開始某項新事物時，必要的要素至少要有十個：企劃內容、技術、個人資質、資金、設備、場地、人才、流行、社會的經濟狀況、人脈等等。這些要素出現吉或是兇的機率各為二分之一。那麼，十個要素都進展順利的機率是二分之一×二分之一……等於二的十次方分之一，即一〇二四分之一。非但沒有「千三」甚至只有「千一」。要將事情引導至成功則需要提高每一個要素的成功率，因此更需要從失敗中學習。

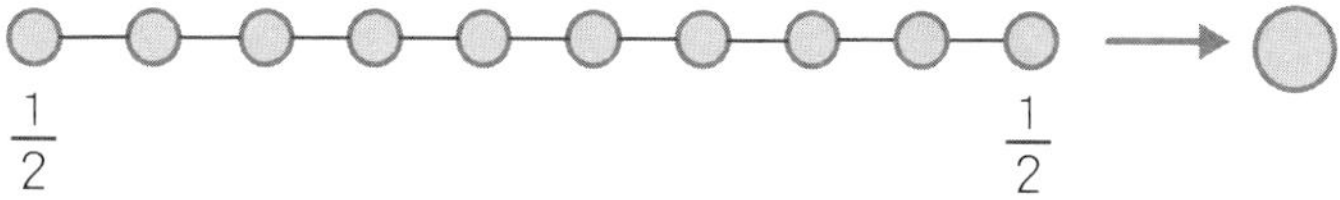

成功的機率

$$\frac{1}{2} \times \frac{1}{2} \cdots\cdots \times \frac{1}{2} = \frac{1}{2^{10}}$$

$$2^{10} = 1024 \fallingdotseq 1000$$

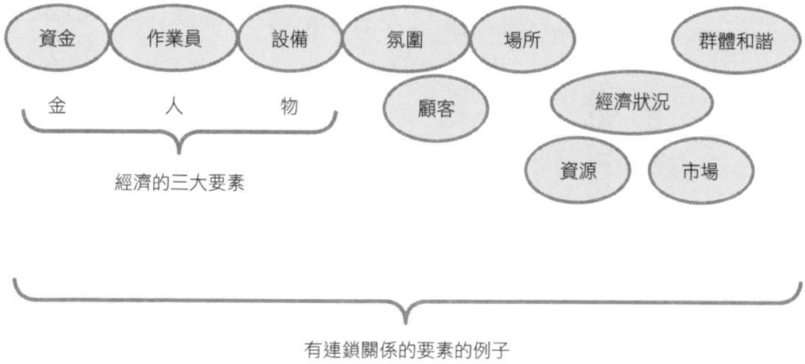

圖 82　「千三」法則是什麼？

優秀組織的秘訣：領導道義和部屬道義

在組織的上下級關係中，上位者以及下位者皆有其應該要遵守的職責義務，也就是領導道義和部屬道義。

組織之中，有上司下屬、前後輩等上下級關係存在，分別各有其應該要遵守的道德，可以是責任又或是義務。我將上位者的義務稱為「領導道義」，下位者的義務稱為「部屬道義」。

「領導道義」：對於非常困難、危險或眾人皆厭惡的事情，總是率先帶頭去做，一旦失敗了會好好擔起責任，成功了會將功勞讓給部屬。

另外，關懷操心也很重要。比如說平時沒有大事時，適當地給予部屬關於「絕對必須要注意的事」以及「平時該注意的事」等忠告。**若在問題發生後才緊迫地叮嚀、告誡，部屬的注意力反而會下降**，成為引起重大問題的原因（圖83）。這部分要領會如何斟酌處理（好好處理）。能夠掌握領導道義才能稱之為人才。

另一方面，「部屬道義」則是：不輕易放棄被託付的事情、確實遵守規定、不抱怨，並且有著連同領導者的擔子一起背負的覺悟。但並不只是唯命是從，如果有必要，**必須有膽量向上司建議「這麼做比較恰當」，有時甚至必須要有向其進諫的覺悟**。

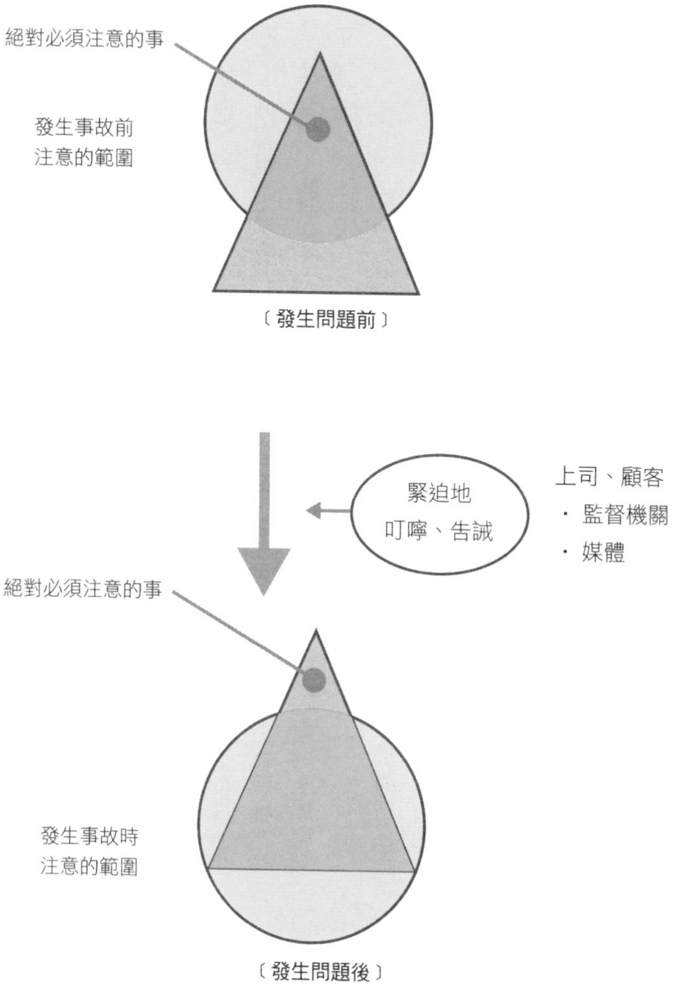

圖 83　人的注意力是有限的

冠軍數據是黑暗中的燈塔

儘管因連續失敗而痛苦，也別忘記冠軍數據證明了到達終點的路線是存在的。

不管如何努力，總是不斷失敗，即使是志氣高昂的人，終究也是會感到挫折。這時「冠軍數據」就會成為很大的支柱。冠軍數據是「不清楚如何做到，但已有其他人已經達到了那個目標（事例）」。

假使冠軍數據是存在的，比如說，即使不清楚自己現在在哪裡、應該要往哪個方向前進等，但是確信到達終點的路線是存在的，那麼則會認為自己之所以到達不了終點只是因為不夠努力。然後，更加努力地找尋那路線，提高走向成功之路的可能性。反之，冠軍數據若不存在，連到底到達終點的路線是否存在都不知道而在黑暗中摸索的人，在這樣的狀況下，應該要趁著損害還不大的時候撤退比較好。換言之有可能只是持續著沒頭沒腦的努力，思考別的方法是比較明智的選擇。

冠軍數據是矗立在黑暗中的燈塔。請記住**冠軍數據存在與否為決定是否繼續努力的指標**。

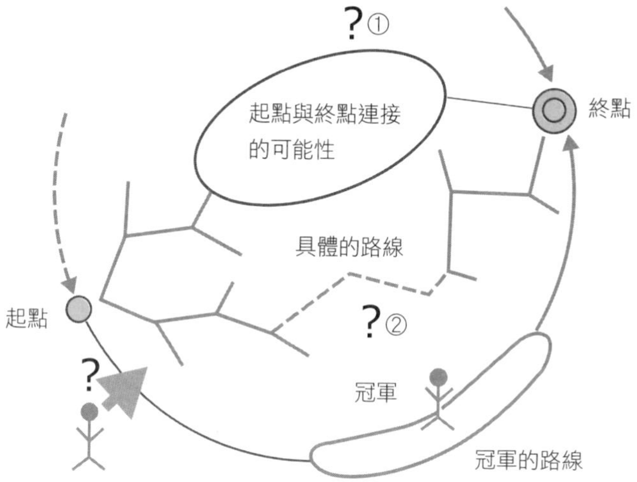

疑問

①不確定從起點到達終點的路線是否存在。

②不清楚從起點出發到達終點的具體路線。

→ 對初進入領域的人來説，是一無所知

某人成功的話
證明①是存在的

↓

②能夠經由探索找到

↓

開始努力尋找②

圖 84 冠軍數據的作用（黑暗中的燈塔）

開發新事業必須要在相關領域才會成功

如果想要開始發展新事業，那麼不要選擇完全相異的領域，建議選擇與原領域相近的領域。

技術或是產業容易終結於失敗的原因，其中之一即是「向不同業界、不同領域發展」。當一個企業發展到達成熟期時，其產品的生產及業績也到達了頂點，這時企業會想要另外再邁向新的領域，但卻總是無法輕易成功。

大約四十年前左右，鋼鐵業界的企業接連進入發展電腦事業或半導體事業。不久，大部分的企業不得不撤退。由於本業已經發展成熟，成為低風險、低回報的狀態，無法跟上在新的領域中需要的思考（高風險低回報）。另外還有某石油製造商，投入了數百億日圓發展光碟產業，卻在產品上市前被迫關閉工廠。

新的領域，看似極具有吸引力，然而一旦要開始發展新事業時，選擇和自身的領域完全不相同、不相關、不相連的異領域是不會成功的，不如選擇相近領域較好。

古河鉱業（現今的古河機械金屬）就是一個非常好的例子。以礦山事業本體為基礎，將原是非鐵金屬或電線產業的古河電工，和德國西門子公司（SIEMENS）合併成為富士電機，接著和資訊通信業的富士通共同建立數控的發那科株式會社（FANUC）。以本體的技術為基礎，將其技術活用於周邊相關產業的發展而獲得成功。

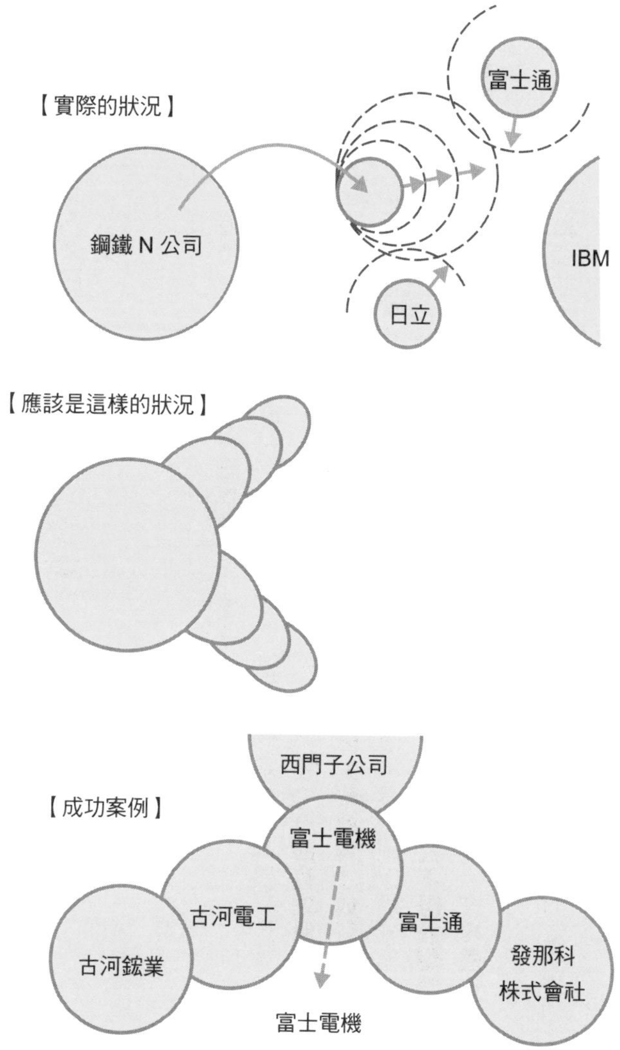
【實際的狀況】
富士通
鋼鐵 N 公司
IBM
日立
【應該是這樣的狀況】
西門子公司
【成功案例】
富士電機
古河電工
富士通
古河鉱業
發那科
株式會社
富士電機

圖 85　新事業領域

正牌領導者會重複「從失敗中固定模式化」

將每次失敗所學的東西統整成固定形式，越是能提高模式化程度的人，越適合擔任領導者。

人在工作時，不論是有意識還是無意識都會將固定模式應用在工作上。這些固定模式，如圖86所示，是由過去所發生過的失敗中累積下的經驗整理製造出來。每當失敗時，將在其中學到的事情（知識）模式化，越是應用在實際工作上，越會成長，呈螺旋狀向上爬行，最終到達最高等級。只要遵從那個模式行動，就不會有太大的問題。

然而那樣的固定模式並不是永遠適用。隨著時間的變化，環境等等的限制條件也會改變，固定模式就不再是指標，需要常常重新審視。

那麼，應該要如何才能製作適合新時代的固定模式？

首先，行動，並且勇於挑戰。一開始也許會遭遇到很多失敗，但**惟有經過這些失敗，並且在其不斷地累積失敗經驗才成就得了新的模式**。最終，從失敗中獲得的固定模式能夠引導我們通向成功之路。**當固定模式不再適用時再一次的挑戰並且失敗，然後再挑戰，重複這些歷程最後產生新的模式**。

現在，這個時代需要的是不害怕失敗勇於挑戰並且能夠製造出新的模式的人。這些人才是真正的領導者。

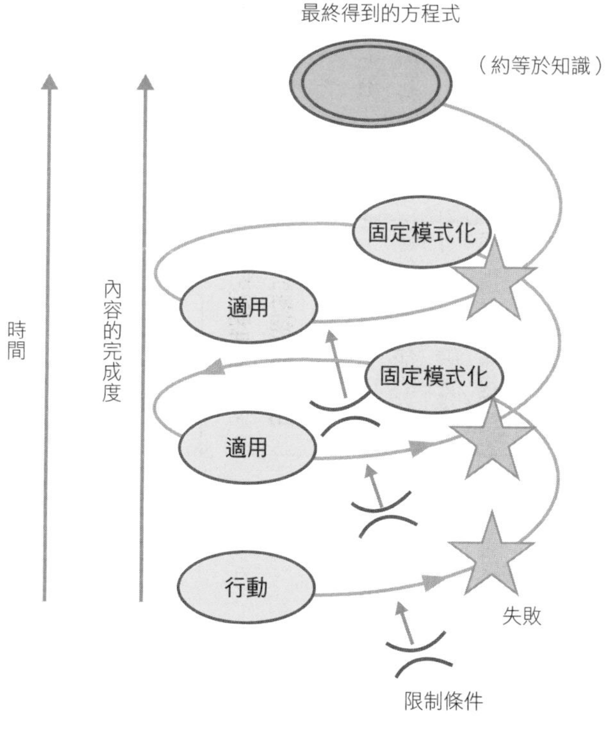

圖 86　由正牌領導者製造出方程式所需經過的螺旋狀路線

將自己提升到上位概念，活用不同領域的知識

對於目前的狀況不限制思考，提升到上位概念，將有可能轉移、運用不同領域的知識。

知識，並不設定在同一個狀況時的制式思考，而是超出框架提升至上位概念，並且更能夠應用在其他領域上。

一九九九年，H－II運載火箭發射失敗。原因是燃燒室燃燒燃料時，從其外側連接冷卻的管線焊接部分燃料瓦斯外洩，附近的控制裝置當機，於是緊急停止。然而如果這件事故當時提升到上位概念（超越概念）來檢視「燃燒室與控制裝置的位置關係」，或許就可以預防了。舉例，在汽車發展歷史中，我聽說過即使引擎本身沒有問題，但在初期階段有因為引擎產生的熱度導致周遭電子機械的控制裝置出現問題而暴走的失敗案例發生。如果當時火箭的開發者有體驗到這樣的經驗，也許就可以避免那樣的失敗。

總之，開發火箭的技術者欠缺的是，從汽車這個累積了高度知識的產業之「知識轉移」（水平法）。另外還有提升到「因為熱度的影響和失敗」這個上位概念思考，若連結到這個發想：「當在調理檯上一邊開著瓦斯一邊做其他事時，有很多應該要多加注意的事」，那麼也會產生些對熱的認知。這就是提升到上位概念——廣闊知識可以應用的範圍。

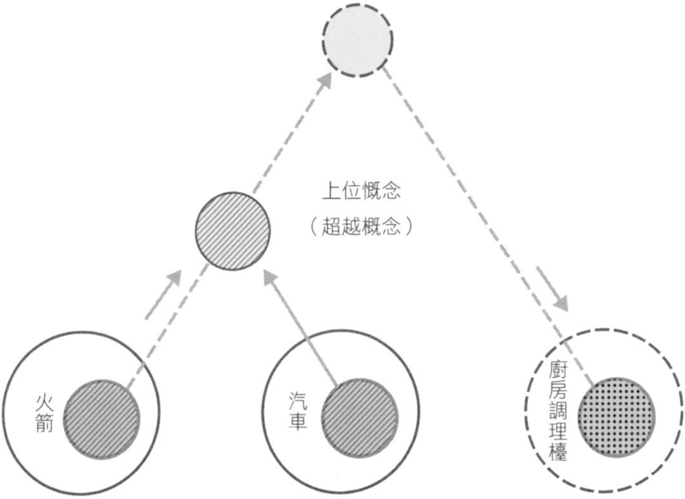

圖 87　上位概念的有效性

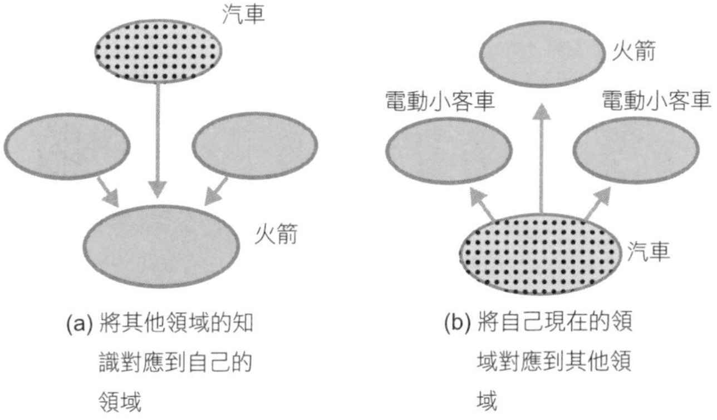

圖 88　不同領域的知識轉移（水平法）

利用假想演練補足大腦的吸收力

人類吸收新事物的能力，在五歲之後將會減半。但是常常重複假想演練，五年後在其領域可以增強到五倍。

在我的經驗中，「人類吸收新事物的能力（主要是和人的記憶領域相關）」在五歲之後就會減弱。如同圖89（b）所示，二十五歲時是一的能力，到了六十歲時就變成一二八分之一。另一方面，（a）圖顯示**「年齡與可能掌握領域的寬廣度」的關係，不努力的人呈現平穩緩慢的上升，在針對某領域常常假想演練的人，在五年後最多可以成長至五倍**。假設以金額基準來試算，二十五歲時掌握了一億日圓規模的事業，到了六十歲時其可以掌握的事業規模將成長至七．八兆日圓。

（c）圖則是將兩圖重疊，圖中顯示大概約三十八歲～四十歲時兩條曲線會有交集。這意味著，在同一個領域持續工作的人，要轉移至其他領域（異動或轉職）時，即使是擁有快速理解新領域能力的人，也要在三十八～四十歲這段黃金期間內才會順利。另一方面，普通人由於成長較緩慢，交集在四十五歲時，但這並不代表四十五歲就可以轉職到其他領域發展。那時事業上可能會有的規模和十五歲時沒有差別，意即只能掌握那樣程度的工作（無法被賦予其他超出的工作）。最好不要期待自己有辦法異動或轉職到所期望的工作，這就是現實。

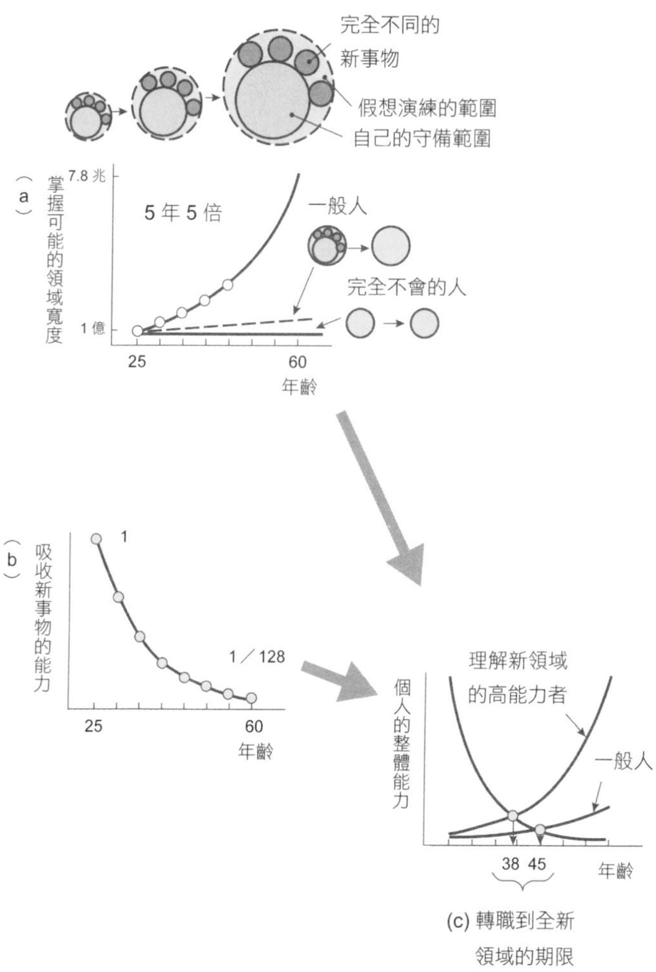

圖 89 反覆假想演練能夠擴大自己能夠掌握的領域

如何預測未來？

為了正確地預測未來，請拋棄世間一般看事情的觀點角度，用自己的雙眼觀察，並且獨立思考是很重要的。

另外，**預測未來不可欠缺的是：解讀變化。**因此，活用前述所說的「曼陀羅圖」，用「人、物、錢、時間、氣」為基準軸，具體檢視他們會如何變化。

想要成功，預測未來的能力是必要的。然而，當構成要素變化，其相關以及支配的原則也隨之改變時，以上述那些不變為前提預測的未來，必定會招致問題發生。

為了避免上述那樣的事情發生，則不用一般世間看事情的觀點角度，而是用自己的眼睛觀察，不可忽視自己思考得來的預測。

首先檢證從過去到現在的路線，想想「這樣下去會變成怎樣？」這就是「順演算」。那樣的結果和自己預想的內容相異時，想著「不對，我想要這樣做」，然後進一步推算「如果是這樣的話，那麼有怎樣的路可以走」，這是「逆演算」。

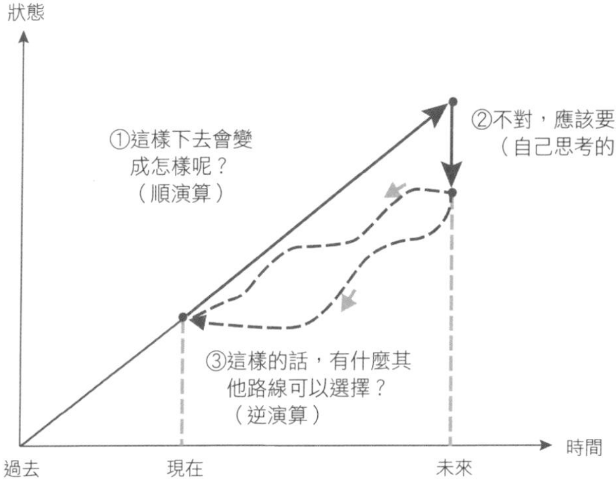

圖 90　藉由預測未來的結果進而判斷現在的方法

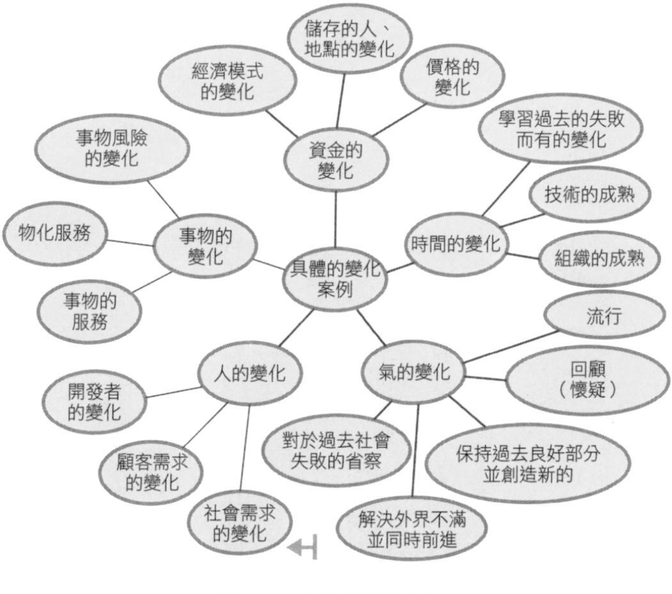

圖 91　具體的變化案例

將工作上的隱性知識轉變為形式知識

有關失敗的情報，有著易隱藏、消失的特性。因此有必要將有關失敗的隱性知識建立成形式知識，以淺顯易懂的形式讓大家都能一目瞭然。

當你在執行某件事時，會有著下意識的著眼點，也就是在那領域內不論是誰都會想到的事情，而從那裡引導衍生出許許多多的原理。然後，當有事情偏離那樣的原理時，你本能地會感覺「奇怪」，進而迴避失敗。

但是，那些原理並不會被寫成文章，也不太會用言語傳達。換言之，是屬於「隱性知識」。

然而，**這樣的隱性知識，特別是與失敗相關的部分，其實更應該用不論是誰都能夠瞭解，一種淺顯易懂的形式，也就是「形式知識」的方式流傳下來**。

由於失敗的情報是很容易隱藏，從表面不太容易看出的，並且隨著時間經過，在人與人間的傳遞後，會漸漸地消失。

比如說，在機械設計者的腦中，存在著如同圖92一樣的隱性知識，關於針對那些檢討項目的想法，或是由其中衍生出的原理，是有必要用文章、數值、及圖像方式記錄下來。

這些隱性知識不論在哪個產業皆各自存在著。將這些隱性知識用淺顯易懂的形式知識表示，是防範失敗的第一步。

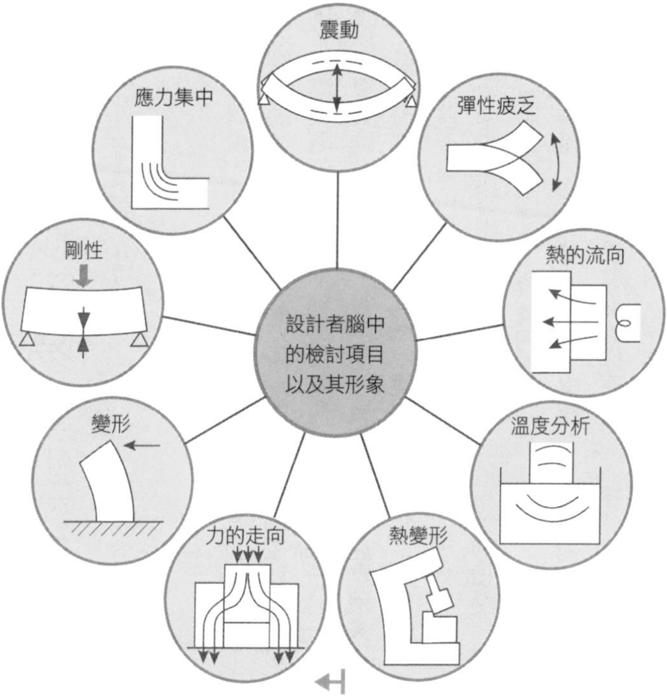

圖 92　機械設計者腦海中的隱藏知識

成熟的技術，組織較危險①為什麼比較容易發生致命性的失敗？

一間公司歷經萌芽期、發展期、成熟期而成長；當企業文化僵化，以及判斷整體動向的人才退休時，則進入衰退期。

當我們觀察一項技術，亦或是一個產業的盛衰時，不論是怎麼樣的情況，都會如圖93所示的生命曲線一樣。從第一階段的萌芽期到第四階段的衰退期，可以估算大約是三十年。實際上，戰後的日本經濟，是倚賴纖維、造船、鋼鐵、電機等產業支撐，回顧這些產業的歷史，從發展期開始到成熟期結束這區間也大約是三十年。

萌芽期的產業，還無法適應外部環境的變化，但人們願意重複嘗試錯誤。接著發展期時，累積了各種失敗經驗見解的人們，將更有能力因應外部環境變化，並支撐整個產業。同時，產業已漸趨固定形式，成為整個產業的基礎，換言之，也是進行系統化的階段。然而到了成熟期，**萌芽時期的相關人員可能退出組織，只留下系統，然後「疑惑」、「嘗試」、「失敗」這些重要的積蓄即從產業消失**。因此，**漸漸地無法隨外部環境的變化而調整政策**。

最後是衰退期。系統化培育出的人才站上了組織的頂點，由於他們無法做出針對根本問題的判斷，也無法保住系統本身，進而只剩形骸。單單只處理、探討管理層面，結果當有意料之外的事情發生時，組織無法克服而走向分裂，這就是破滅期。而內部的人們甚至不清楚產業衰敗的真正原因。

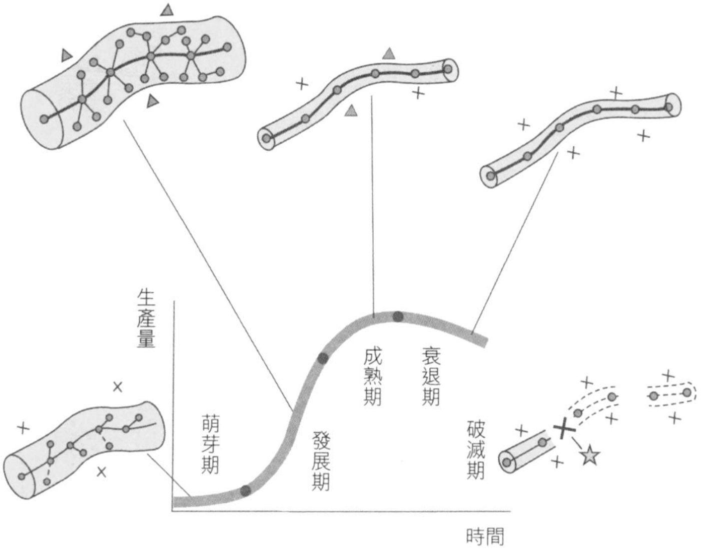

圖 93　技術的盛衰與技術脈絡伸展空間的關係

成熟的技術，組織較危險②一旦成熟就容易產生組織內部間隙

當企業發展成熟時，組織內部各自能夠掌握的部分會越趨於狹隘，產生「間隙領域」，埋下失敗的種子。

公司草創、成長的階段，會漸漸整理出部門這樣的組織脈絡。由於初期部門職務界限還未明確劃分，因此每個部門都認為「這是自己的職責範圍」一個個充滿活力，積極進取並且互相較勁。因此，部門的活動範圍重複，也就是「重複組織」這個現象。在這個階段內，雖然會發生由於積極行動而導致的失敗，但卻不會發生因為互相推卸責任而發生的消極性失敗。

然而，當組織漸趨成熟並迎接成熟期時，各個部門責任歸屬會越清楚，另一方面也會為了避免和其他部門發生衝突而迴避。角色分配確實能夠讓工作更有效率，是以讓人能夠越來越輕鬆為前提，但同時為了讓事情執行順利，也有儘量避免發生衝突的傾向。

當角色分配越顯確實，同一時間，**其各自掌握的領域就越顯狹窄，呈現「間隙組織」的狀態。從「理所當然是自己應該要做的」變成「應該對方會做，應該有誰會做」**。結果，工作分配間產生了縫隙，在這縫隙埋下失敗的種子，公司因此發生致命性的失敗而走向衰退期。

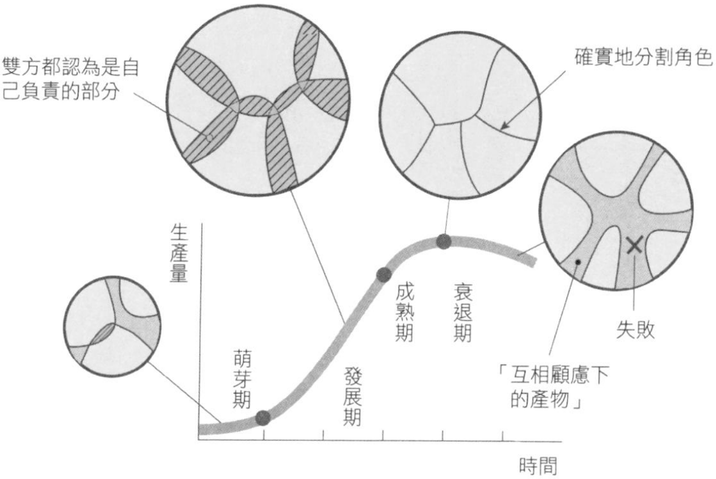

圖 94　角色分工的變化

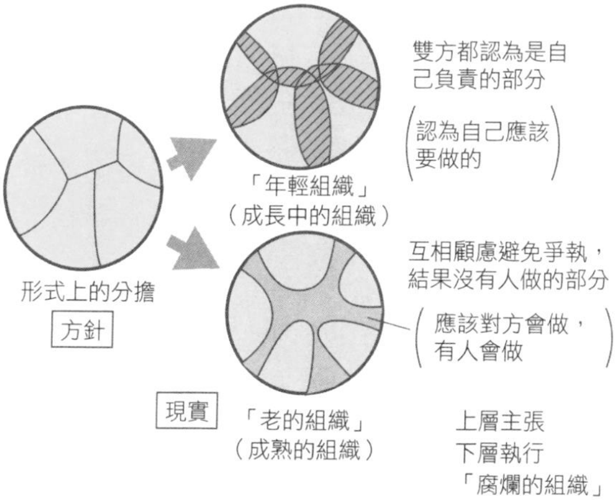

圖 95　組織中的角色分擔與實際上狀況
（年輕組織）＝「重複領域」
（老的組織）＝「間隙領域」

成熟的技術，組織較危險③局部優化，整體劣化

當只看得到系統局部的人增加時，將看不到整體的趨勢。即使局部狀況良好，事實上整體卻有可能漸漸改變，走向致命性的失敗。

處於萌芽期、發展期時的組織還很小，因此組織領導者可以一人掌握全體。但是，成熟期的組織，由於要素變多、規模變大，一個人是無法掌握全局。即使如此，還是要追求最大效率，領導者會針對自己能夠掌握的範圍內做最適當的判斷。換句話說，就是目標局部優化，結果導致「局部優化，整體劣化」。

假設有一個生產系統（如圖96），萌芽期到發展期的領導者掌握了整體的構成要素，其後，即使系統漸漸發展擴大，領導者始終能夠掌握全體狀況。然而到了成熟期時，領導者變成只能瞭解部分的事情。因此，商品暢銷時就增加產量；相反地，當商品滯銷以至於不得不縮小自身產品規模，因為無法看透全體只能掌握局部，既使局部狀況良好，整體狀況卻已經漸漸變化走向致命性失敗。

這樣的狀況稱之為**「局部優化，整體劣化」**，**這極有可能誘發重大失敗，成為直接造成組織嚴重損失的原因**。這也是成熟期的企業可能會產生的危機。

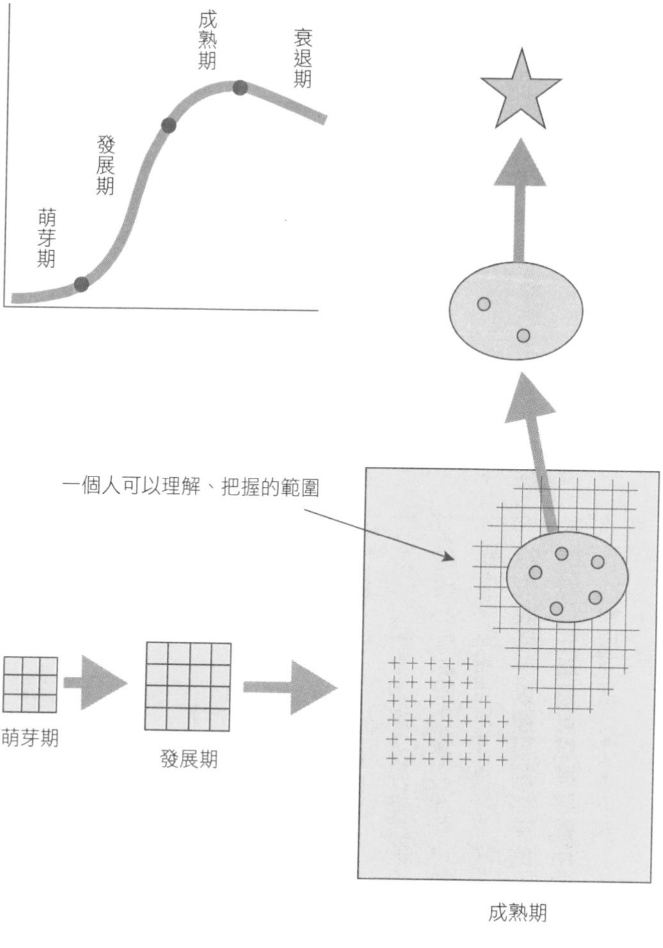

圖 96　組織技術規模擴大，造成事故發生的必然性

成熟的技術，組織較危險④ 預測失敗和其他領域知識的轉用

一九九九年，在茨城縣東海村的ＪＣＯ東海事業所核燃料處理工廠，發生了日本國內第一件臨界事故[註]。這個失敗如果事先轉移運用其他領域知識的話，應該是可以預測的。

我在一九九九年應邀到青森縣六所村的日本原燃公司的核料再處理工廠演講。當時我以第一七五頁圖作為說明，並提出了「現在核能業界，正所謂局部優化、整體劣化，在不久的將來會發生大事故」這樣的見解。

想當然爾，我的演講評價很糟，話雖如此，這也是沒有辦法的事。因為，日本原燃的職員們，都很遵守工作規範，勤勉且真摯地工作。當然我並沒有限定說會在六所村發生事故，而是從日本核能業界的整體來看，對業界整體做出預測而已。

然後，在演講結束的兩個月後，一九九九年九月，茨城縣東海村的ＪＣＯ東海事業所核燃料處理工廠，發生了日本國內第一件臨界事故，造成多人傷亡。很重要的是，當時我在六所村演講所使用的圖，其實原本是半導體業界的研究結果。我對半導體業界抱持的擔憂，與對核能業界的擔心，本質上來說是相同的。

從其中可以領悟出兩個重大結論：第一個是**「失敗是可以被預測出來的」**，第二個是**「其他領域的知識是可以轉移運用的」**。換言之，不向其他領域學習的產業，衰退是無法避免的。

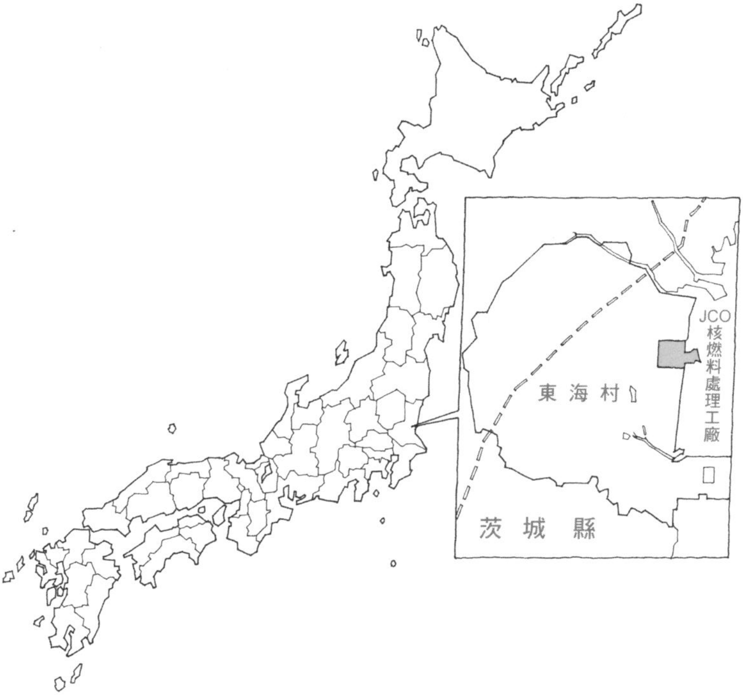

註 3 因反應爐內的裂變材料（如濃縮鈾或鈽等）之質量密度達到一定的量造成核反應，導致大量輻射線和放射性元素外釋。
1999 年 9 月日本茨城縣那珂郡東海村 JCO 核燃料處理工廠發生的鈾燃料臨界事故，是由於 3 名現場人員變更作業程序，將超過臨界質量的濃縮鈾倒入沉澱槽中，導致臨界發生。日本科技廳依據「國際核能事件分級制度 (INES)」將此次臨界事故判定為「第四級」核子事故。

成熟的技術，組織較危險⑤作業系統化的缺點

對於QC、TQC活動要多加注意！過度追求效率，會導致成熟企業走向衰退。

成熟的企業，走向衰退的一大原因是「作業系統化」。一個企業直到成熟期前體驗多次失敗，活用那樣的失敗經驗努力提高營利。其中一個對策就是更有效率的作業系統化。

作業系統化在生產活動中是必要的。然而，不能只單看正面影響力，也必須注意負面影響力。

那隱藏了巨大危險。**作業系統化的進展，就代表著沒有寫在工作手冊內的事情是不被允許的，為了提高效率而去除多數的訊息，結果沒了技術的脈絡可隨機應變的部分，造成僵化**。

其次，只熟悉工作手冊記載範圍內的人越來越多也是一大問題。那些真正瞭解技術本身的人越來越少，面對預期外的事無法應變，引起重大危機，進入衰退期。

在這層意義上來說，日本企業最愛使用的QC（品質管制）活動，或更近一層的TQC（全面品質管理）活動也是雙刃劍，有利也有弊。日常生活的工作是可以徹底計畫預測的，但會產生「只要這樣做就沒有問題」、「只要整頓外表即可」這類的氛圍，當發生緊急事故時，負責人則易陷入思考空白的狀態。

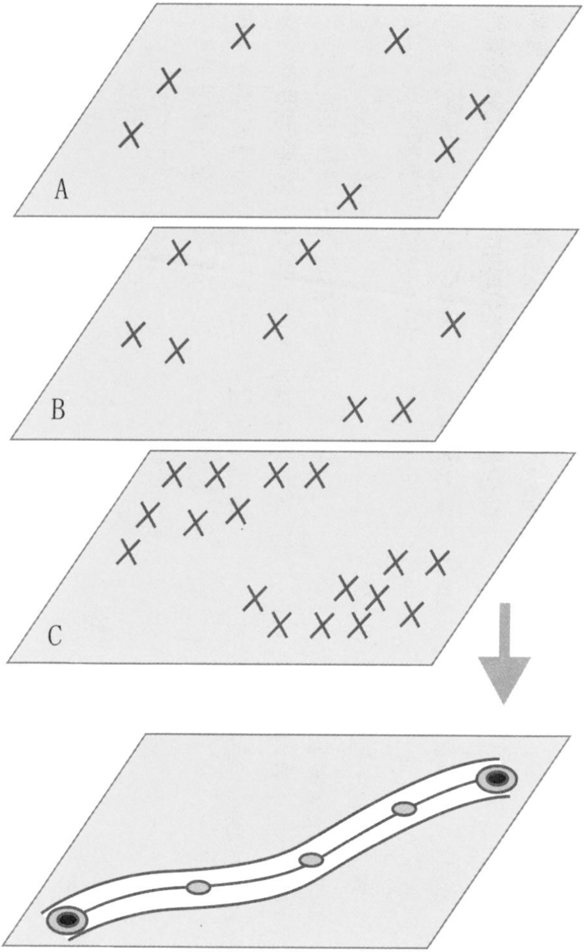

圖 97　累積失敗經驗學習到的知識，邁向成功道路的工作指導手冊

失敗對策必須從上到下實行

在組織中，唯一能環視整體的是位於組織頂端的人。因此，失敗對策必須自高層做起，否則將會以「太寬鬆的失敗對策」結尾。

在企業中發生的失敗，大多發生在工地現場。其特徵多在日常的活動中，現場以外的人是無法發現導致失敗的要素。因此多數人認為，要消除失敗，必須充分聽取工地現場的聲音，並建立對策方針。

當然，我也認為那是很重要的。針對小失敗，用上述方法應該是可以徹底消除。然而**實際上針對致命性的失敗部分，在現場的職員做出超越自己應該做或權限的事，因而提高危險性的案子更不在少數**。

在日本，很重視自下而上的風潮，然而針對自下而上行的活動思索出完整的失敗對策幾乎可以說是荒謬的。

那麼，應該從誰來執行失敗對策呢？

在組織當中唯一可以環顧全局的人，不用說就是組織最高層領導者。另外，偶爾必須要對組織全面重新審視，強力推進。不親力親為而交由部下執行，往往會扭曲或縮減做法，以一種過於寬鬆的失敗對策作結。總之，「失敗對策應該要由上至下執行」。

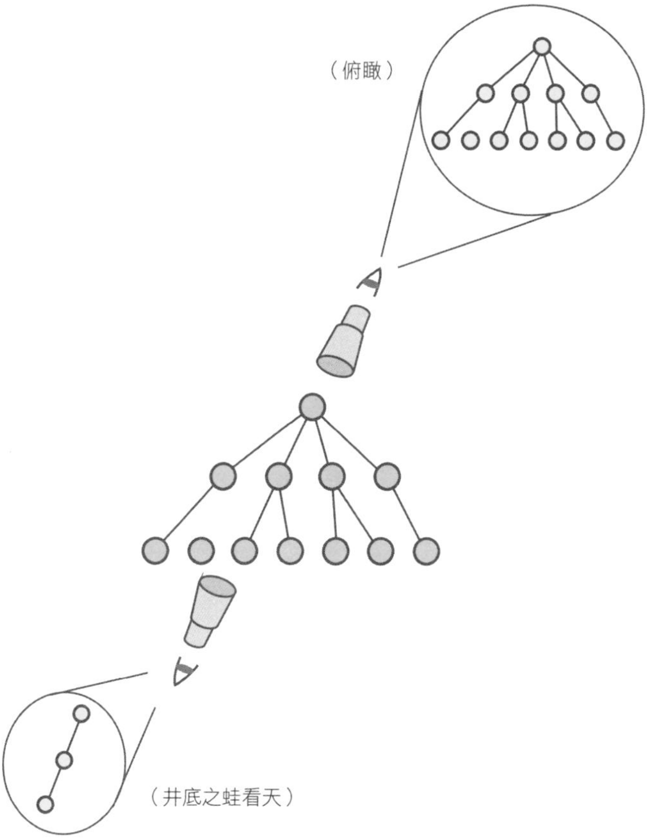

能夠看清失敗整體的只有站在頂端的領導者。
（自上而下俯瞰能看到整體；自下而上只能看到一部分）

圖 98　失敗對策要由上到下執行

若無失敗地圖則無法防範失敗

註明「發生怎樣的失敗」、「為何失敗」、「要如何避免失敗」的「失敗地圖」是必要的。

許多公司為了避免失敗會製作「對策手冊」，其上載明許多指示，相信只要按照上面所寫的指示行動就不會失敗。但其實仔細閱讀後會發現，大多數手冊上，並沒有寫明如果沒有按照指示行動會發生什麼事。因此，當遇到手冊上沒有記載的事時，員工就不知如何應對。

另外，**「對策手冊」的缺點，就是職員們會認為只要按照指示做就可以了**，只要聽從公司下達的指示就行了。

依據不同公司，有些還會製作「禁止手冊」，記載著「不可以這樣做」的事情；又或是「失敗的事例集」、「不妥當事例集」等等。然而這也是只註明「這樣做會很糟糕」的事情，一旦發生預料之外的事時也無法靈活反應。

因此，**公司需要的其實是將兩者機能合併的「失敗知識集」，將「發生怎樣的失敗」、「為何失敗」、「要如何避開失敗」等問題整理成冊的「失敗地圖」**。有了「失敗地圖」才能夠完全避開失敗，進而成功。

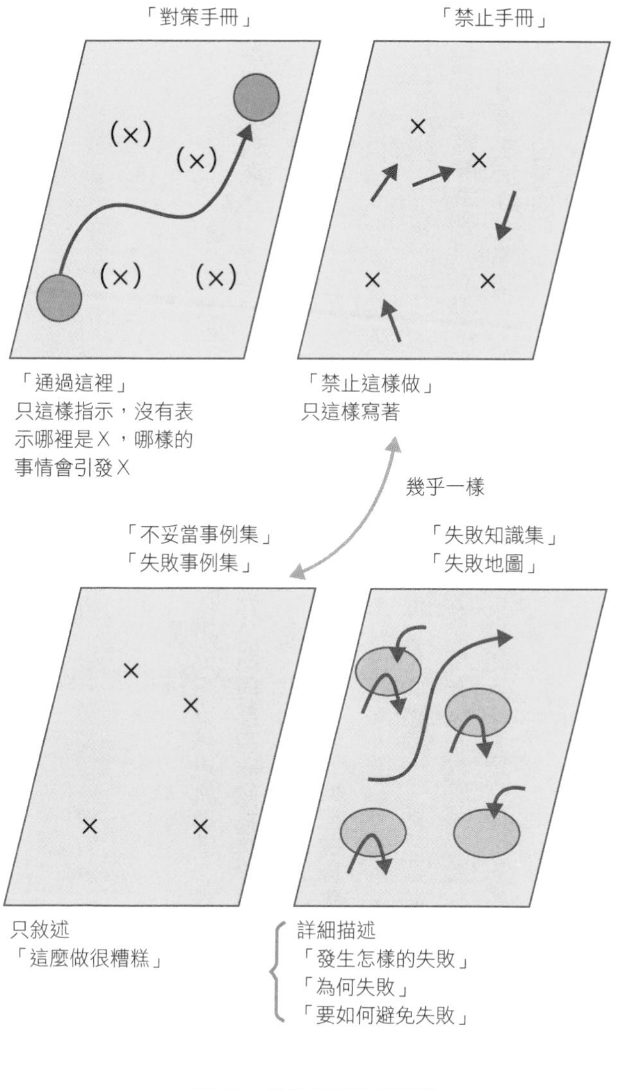

圖 99　失敗地圖的重要性

弄錯失敗對策的第一步，事情將無法挽回

一旦走錯路，要修正軌道將會花費龐大的精力，視而不見只會招致更嚴重的問題發生。

二〇〇〇年七月，三菱汽車工業的「三菱之恥」造成很大的問題。這個刻意隱瞞汽車缺陷而不召回檢修的事件，上至部長、董事皆知情，更發現竟隱瞞問題近三十年之久，因此失去消費者對三菱汽車的信任，此案件造成了三菱非常大的損失。

考量這刻意隱瞞事件持續了將近三十年，就能發現在三菱公司內部有著「為了組織不得不隱瞞到底」這樣的認知，卻沒有「這是絕對不應該做的事」的認知。

估計，三十年前開始隱瞞這件事的人，並未料想到未來會造成這麼大的打擊。然而一步錯步步錯，想要修正軌道則必須付出更大的精力，就算**公司內部有誰認為這是不正當的事，也都視而不見，進而招致更嚴重的後果**。

這事件屬於**典型的因失敗而破滅的模式**。用爬山來比喻的話，遇到岔路時，一邊認真思考選擇正規的路線走，即能夠確實到達目的地，然而在其間若是被其他看似輕鬆的路迷惑了雙眼，結果可能無法到達目的地，事情再也無法挽回。

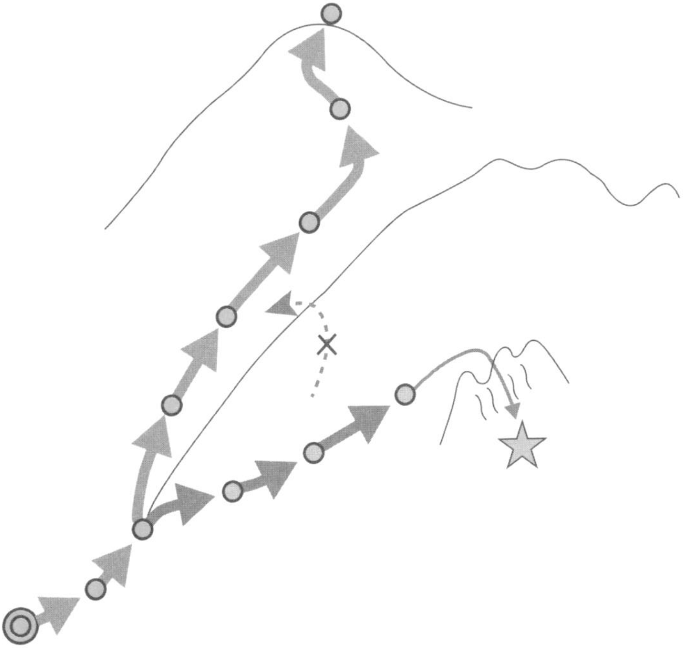

圖 100　面對岔路選擇錯誤的話，再也無法變更路線。

為何隱藏缺陷不召回？

「想避免會消耗龐大費用的召回檢修」、「不想讓產品因為召回檢修導致評價下滑」，因為這樣的想法而躊躇著是否該召回。

為何發生隱瞞缺陷不召回事件？想要瞭解為什麼，則必須先理解，伴隨著召回而產生的獨特氛圍。

圖101為負責人判斷是否應該要召回時，腦海中浮現的事情。當有人申訴時，首先會思考的事情是「是否為偶然發生的問題」、「使用者的使用方式是否錯誤」等。其次意識到「想節省龐大的開銷費用」、「若召回檢修的話產品的評價會下滑」等。因此，從客觀角度來看，應該要召回檢修的問題，也判斷為「不需要這樣做也沒問題」，採取曖昧的處理方式，導致錯過應該要招回檢修的最佳時機。

妨害召回檢修的，不只是公司內部的文化，更因為日本社會大多嚴格看待召回檢修這件事，認為「召回檢修是因為產品不良」。因此，也許會因為召回檢修導致社會的不信任感。相較於此，美國的召回檢修反而會增加評價，甚至有可能讓中古車增值，不同之處在於其考量「因為召回檢修而變成很安全」。原因在於一開始就追求完美產品的日本，和認知「本來車子就是會壞的」的美國，有著文化上的差異。

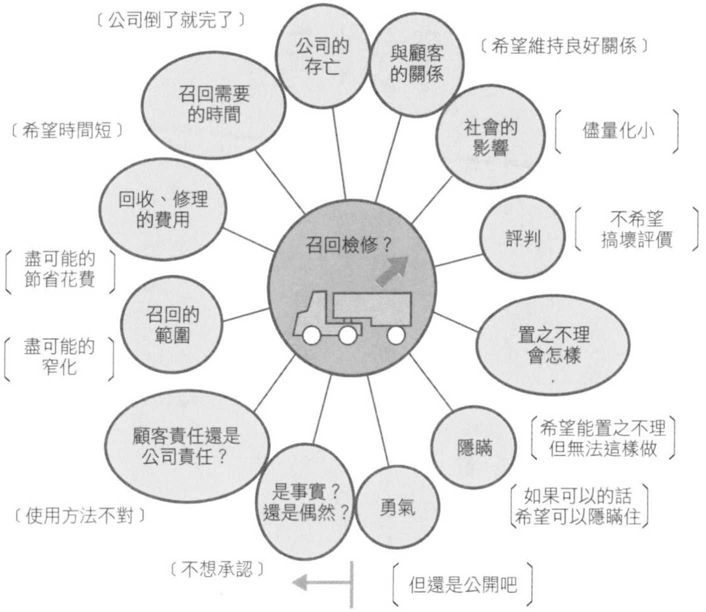

圖 101　負責人判斷是否應該要召回時，腦海中浮現的事情

改革企業風氣必備的四種文化

重要的是，「自己決定並挑戰」、「溝通」、「鑽研系統化」、「擁有二·五人稱的觀點」這四種文化。

最後是針對「改革企業風氣必要的四個文化」。這是當我參加日本航空的「安全建議委員會」（主席　柳田邦男先生）在二〇〇九年十二月整理並提出給日本航空社長的建議書：「新題言『遵守，安全的要塞』——在危機內才是真正能夠追究一個人採取行動的動機」內所指出的內容。

這四項分別是，①依照自己的決定而挑戰、②溝通、③鑽研系統化、④二·五人稱的觀點等文化。

「依照自己的決定而挑戰的文化」是指，並**非等待上層的指示，公司員工自己主動接觸**。擁有這樣風氣的公司，能夠因應必須在現場才能瞭解的問題。「溝通的文化」指的是，傳達情報時，**傳達者與接受者間擁有共同的概念是很重要的**，以及**確認對話的必要性**。「鑽研系統化」則是指，**防止系統的形骸化，與強調批評統整系統的必要性**。然後最後是「二·五人稱的觀點」，為柳田先生自己創造字彙，意思是不用第一人稱或第二人稱考量自己與對方的事，而是**用「自己與家人的問題」、「站在對方的立場思考」的角度看待事物**。只要擁有這樣的觀點，將可以發現很多之前看不到的問題。

圖 102　支撐企業風氣的四種文化

圖 103　2.5 人稱
〜站在那個人的立場思考〜

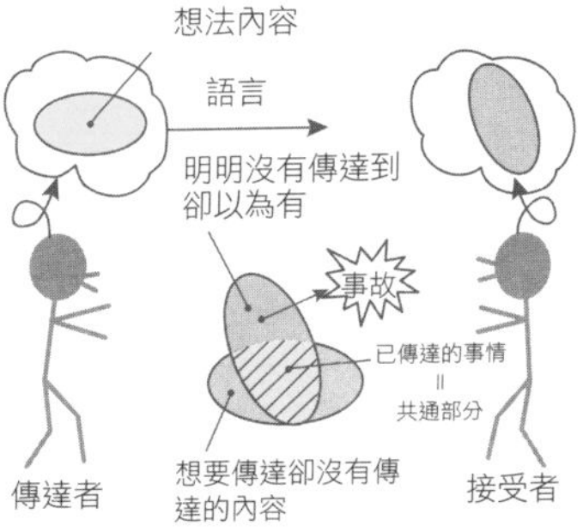

圖 104　確認對話的必要性
〜常有說者與聽者間的傳達錯誤〜

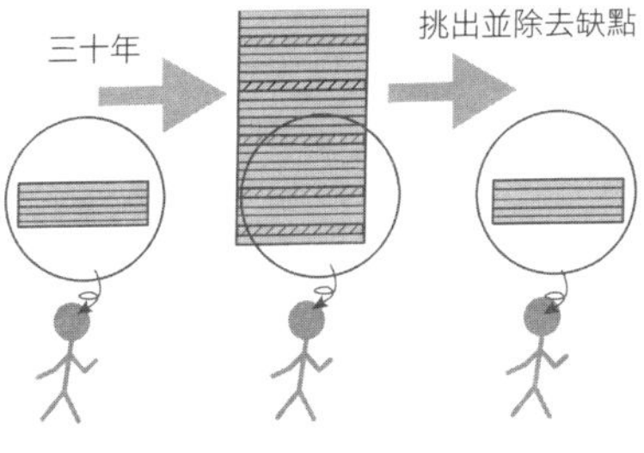

圖 105　將五公分的手冊放置不管，三十年後會變成三十公分

主要参考文獻

『続々・実際の設計　失敗に学ぶ（実際の設計選書）』
畑村洋太郎編著・実際の設計研究会著、日刊工業新聞社、一九九六年
『実際の設計第四巻　こうして決めた（実際の設計選書）』
畑村洋太郎編著・実際の設計研究会著、日刊工業新聞社、二〇〇二年
『実際の設計第五巻　こう企画した（実際の設計選書）』
畑村洋太郎編著・実際の設計研究会著、日刊工業新聞社、二〇〇四年
『実際の設計第七巻　成功の視点（実際の設計選書）』
畑村洋太郎編著・実際の設計研究会著、日刊工業新聞社、二〇一〇年
『回復力　失敗からの復活』畑村洋太郎著、講談社現代新書、二〇〇九年
『失敗学のすすめ』畑村洋太郎著、講談社文庫、二〇〇五年
『失敗学実践講義　文庫増補版』畑村洋太郎著、講談社文庫、二〇一〇年
『「失敗学」事件簿　あの失敗から何を学ぶか』畑村洋太郎著、小学館文庫、二〇〇七年
『決定版　失敗学の法則』畑村洋太郎著、文春文庫、二〇〇五年
『組織を強くする　技術の伝え方』畑村洋太郎著、講談社現代新書、二〇〇六年
『起業と倒産の失敗学』畑村洋太郎著、文春文庫、二〇〇六年
『技術の創造と設計』畑村洋太郎著、岩波書店、二〇〇六年
『創造学のすすめ』畑村洋太郎著、講談社、二〇〇三年
『失敗に学ぶものづくり』畑村洋太郎著、講談社、二〇〇三年

『強い会社をつくる失敗学』畑村洋太郎著、日本実業出版社、二〇〇三年
『社長のための失敗学』畑村洋太郎編著、日本実業出版社、二〇〇二年
『失敗を生かす仕事術』畑村洋太郎著、講談社現代新書、二〇〇二年
『勝つための経営：グローバル時代の日本企業生き残り戦略』
畑村洋太郎・吉川良三著、講談社現代新書、二〇一二年
『危機の経営　サムスンを世界一企業に変えた3つのイノベーション』
畑村洋太郎・吉川良三著、講談社、二〇〇九年
『みるわかる伝える』畑村洋太郎著、講談社、二〇〇八年
『畑村式「わかる」技術』畑村洋太郎著、講談社現代新書、二〇〇五年
『福島原発事故はなぜ起こったか　政府事故調核心解説』
畑村洋太郎・安部誠治・淵上正朗著、講談社、二〇一三年
『福島原発で何が起こったか　政府事故調技術解説』日刊工業新聞社、二〇一二年
『未曾有と想定外　東日本大震災に学ぶ』畑村洋太郎著、講談社、二〇一一年
『「想定外」を想定せよ！　失敗学からの提言』畑村洋太郎著、NHK出版、二〇一一年

最輕鬆易讀的法律書籍

《圖解數位證據》

讓法律人能輕鬆學習
數位證據的攻防策略

數位證據與電腦鑑識領域一直未獲國內司法機關重視，主因在於法律人普遍不瞭解數位證據，導致實務上欠缺審理之能力。希望藉由本書能讓法律人迅速瞭解數位證據問題的癥結所在，以利法庭攻防。

《資訊法律達人》

上傳影音合法嗎？盜版軟體該不該用？
詐騙資訊怎分辨？木馬程式如何防範？

現代人的工作與生活，已經離不開電腦以及網路，你可知道由連上網路、瀏覽網頁、撰寫部落格、到下載及分享 MP3，可能觸犯了多少法律規範及危機？本書深入淺出地告訴你該如何預防及事後處理。

《圖解不動產買賣》

買房子一定要知道的 100 則基本常識！
法律達人說：這是一本讓你一看就懂的工具書

大多數的購屋者都是第一次，可是卻因為資訊的不透明，房地產業者拖延了許多重要法律的制定，導致購屋者成為待宰羔羊。作者希望本書能讓購屋者照著書中的提示，在購屋過程中瞭解自己在法律架構下應有的權利。

十力文化《圖解法律系列

《刑事訴訟》

刑事訴訟法並不是討論特定行為是否成立刑法罪名的法律，主要是建立一套保障人權、追求正義的調查、審判程序。 而「第一次打官司就 OK ！」系列，並不深究學說上的理論，旨在如何讓讀者透過圖解的方式，快速且深入理解刑事訴訟法的程序與概念。

《民事訴訟》

借出去的錢要不回怎麼辦？
民事官司要注意哪些細節？

一本好的民事訴訟工具書，除了要讓讀者知道訴訟的相關知識，更要知道如何善用知識內、活用案例，立即解決所面臨的問題，讓你第一次打民事官司就 OK!

《車禍資訊站》

車禍糾紛層出不窮！保險有用嗎？國家賠償如何申請？

作者以輕鬆的筆調，導引讀者學習車禍處理的基本觀念，並穿插許多案例，讓讀者從案例中，瞭解車禍處理的最佳策略。也運用大量的圖、表、訴狀範例，逐一解決問題。

《愛情福利社》

25 個兩性法律知識、
讓你成為愛情法律專家！

本書包含最新修正法令，教你如何由男女交往到訂婚、結婚，瞭解所有的相關法令。諸如離婚協議書完整版與如何爭取贍養費及子女監護、探視權等。

十力文化《國家考試系列

《圖解法學緒論》

法學緒論難讀易混淆
圖例解析一次就看懂

法學緒論難以拿高分最大的問題在於範圍太廣，憲法、行政法、民法、刑法這四科，就讓人望而生畏、頭暈目眩了。筆者將多年分析的資料整理起來，將歷年菁華考題與解析集結成冊，讓讀者能隨時獲得最新的考題資訊。

《圖解行政法》

行政法體系龐雜包羅萬象
圖解行政法一本融會貫通

本書以考試實務為出發點，以理解行政法的概念為目標。輔以淺顯易懂的解說與一看就懂的圖解，再加上耳熟能詳的實例解說，讓你一次看懂法條間的細微差異。使你實力加分，降低考試運氣的比重，那麼考上的機會就更高了。

《圖解憲法》

憲法理論綿密複雜難懂
圖例解題讓你即學即用

反省傳統教科書與考試用書的缺點，將近年重要的憲法考題彙整，找出考試趨勢，再循著這條趨勢的脈絡，參酌憲法的基本架構，堆疊出最適合學習的憲法大綱，透過網路建置一套完整的資料增補平台，成為全面性的數位學習工具。

〔作者介紹〕

畑村　洋太郎（Yotaro Hatamura）

東京大學名譽教授、工學院大學教授、工學博士。曾擔任東京電力福島核能發電所的事故調查檢證委員會委員長、消費者安全調查委員會委員長。1941年出生。專攻失敗學、創造學、危險學、智能加工學、微奈米工學。著作《失敗學的啟發》（講談社文庫）、《藉由直覺瞭解數學》（岩波書店）、《未曾有和意料之外》（講談社現代新書）等等。

國家圖書館出版品預行編目(CIP)資料

圖解 失敗的科學　敗部復活生存手冊
畑村 洋太郎 著 ／ 傅莞云 譯／第一版
台北市：十力文化，2019.08
196頁/128*188公分
ISBN 978-986-97941-1-4（平裝）
1.成功法　2.思考　3.企業管理

177.2　108011649

圖解失敗的科學 敗部復活生存手冊
圖解使える失敗学（圖解失敗學 好好用 修訂版）

作　　者　畑村 洋太郎 (Yotaro Hatamura)

責任編輯　吳玉雯
翻　　譯　傅莞云
封面設計　劉詠倫

出 版 者　十力文化出版有限公司
公司地址　116 台北市文山區萬隆街 45-2 號
通訊地址　11699 台北郵政 93-357 信箱
電　　話　02-2935-2758
網　　址　www.omnibooks.com.tw
電子郵件　omnibooks.co@gmail.com
統一編號　28164046
劃撥帳號　50073947

I S B N　978-986-97941-1-4
出版日期　2019 年 8 月
版　　次　第一版第一刷
書　　號　D1908
定　　價　320 元

地址：

姓名：

貼
郵
正
票

十力文化出版有限公司　企劃部收

地址：11699 台北郵政 93-357 號信箱
傳真：(02) 2935-2758
E-mail：omnibooks.co@gmail.com

讀　者　回　函

無論你是誰，都感謝你購買本公司的書籍，如果你能再提供一點點資料和建議，我們不但可以做得更好，而且也不會忘記你的寶貴想法喲！

姓名／　　　　性別／□女□男　　生日／　　年　　月　　日

聯絡地址／　　　　連絡電話／

電子郵件／

職業／□學生　□教師　□內勤職員　□家庭主婦　□家庭主夫

□在家上班族　□企業主管　□負責人　□服務業　□製造業

□醫療護理　□軍警　□資訊業　□業務銷售　□以上皆是

□以上皆非　□請你猜猜看

□其他：

你為何知道這本書以及它是如何到你手上的？

請先填書名：

□逛書店看到　□廣播有介紹　□聽到別人說　□書店海報推薦

□出版社推銷　□網路書店有打折　□專程去買的　□朋友送的　□撿到的

你為什麼買這本書？

□超便宜　□贈品很不錯　□我是有為青年　□我熱愛知識　□內容好感人

□作者我認識　□我家就是圖書館　□以上皆是　□以上皆非

其他好理由：

哪類書籍你買的機率最高？

□哲學　□心理學　□語言學　□分類學　□行為學

□宗教　□法律　□人際關係　□自我成長　□靈修

□型態學　□大眾文學　□小眾文學　□財務管理　□求職

□計量分析　□資訊　□流行雜誌　□運動　□原住民

□散文　□政府公報　□名人傳記　□奇聞逸事　□把哥把妹

□醫療保健　□標本製作　□小動物飼養　□和賺錢有關　□和花錢有關

□自然生態　□地理天文　□有圖有文　□真人真事

請你自己寫：

根據個人資訊保護法，本公司不會外洩您的個人資料，你可以放心填寫。溝通，是為了讓互動更美好，在出版不景氣的時代，本公司相信唯有將書做得更好，並且真正對讀者有幫助，才是唯一的道路。好書、不僅能增加知識還必需能提高學習效率，讓想法與觀念深植人心。能有耐心看到這一行的您，恭喜，只要您填妥此表並傳真至 02-29352758 或郵寄至台北郵政 93-357 號信箱，您將會得到本公司的精美筆記本一冊，請注意！僅限傳真或紙本郵寄方屬有效（因本公司須保留正本資料）但請千萬注意，姓名、電話、地址務必正確，才不會發生郵寄上的問題。還有，郵寄範圍僅限台澎金馬區域，不寄到國外，除非自己付郵資。

順頌　健康美麗又平安

十力
文化

十力
文化

十力
文化

十力
文化